AF305734

LE GÉNIE

ET

LES GRANDS SECRETS

DE L'ARCHITECTURE

HISTORIQUE.

LE GÉNIE

ET

LES GRANDS SECRETS

DE L'ARCHITECTURE

HISTORIQUE.

P_{AR} A_E. SAINT-VALERY-SEHEULT,

ARCHITECTE D'HISTOIRE.

—————

DE L'IMPRIMERIE DE RICHOMME.

A PARIS,

Chez JANET et COTELLE, Libraires, rue Neuve-des-Petits-Champs, N°. 17.

1813.

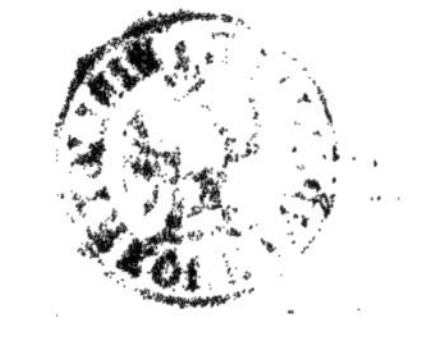

INTRODUCTION

LA sublimité des anciens dans les beaux-arts doit
nécessairement étonner celui qui s'adonne à leur cul-
ture. Leur supériorité se manifeste encore d'une manière plus prononcée dans l'architecture que dans les
autres arts; car ce sont les modèles merveilleux qu'ils
nous ont laissés qui peuvent nous en donner une idée
exacte.

Nous sommes justement convaincus que dans ce
siècle nous n'avons rien fait encore, dans cet art, de
susceptible d'être mis en parallèle avec les travaux de
l'antiquité; et de plus, que nous ne pouvons prétendre
à l'insigne honneur de les égaler, qu'en nous entourant
de l'esprit qui les fit produire, et en nous pénétrant
des préceptes qui aidèrent leurs immortels créateurs
à enfanter tant de chefs-d'œuvres.

Cette opinion paraîtra peut-être exagérée, et quelques observateurs prétendront peut-être aussi que nous
sommes parvenus au même degré de perfection que
dans ces temps de prodiges. Sans doute nous avons
des péristiles aussi beaux que ceux des anciens; les
sculptures qui les décorent sont presqu'aussi bien finies :
elles flatteront pareillement les regards du vulgaire; mais
la sculpture a-t-elle été introduite dans les monumens

pour le charme des yeux ou pour les jouissances du cœur et les plaisirs de l'imagination? Rarement les architectes modernes ont appelé son secours avec discernement; et, par cette raison, nos édifices ont-ils rarement le caractère qui leur convient : nos temples, nos palais, nos théâtres, nos bourses, seront confondus par l'historien entre eux et avec les maisons d'habitation et les bâtimens d'utilité publique, puisqu'ils n'auront aucune différence.

Les anciens ont évité avec une attention scrupuleuse tout ce qui était contraire à la raison : ils ont caractérisé tous leurs monumens suivant le but qui leur avait donné naissance; et comme le dit Vitruve, ils n'ont approuvé que ce qu'ils pouvaient soutenir par des raisons certaines et véritables. Tous leurs monumens portent aussi le type caractéristique de l'originalité; chez eux, tout prend naissance dans la pensée de l'édifice : sa simplicité ou sa richesse naissent de la grandeur du sujet. Heureux l'observateur initié aux grands mystères de l'architecture, qui va déterrer, dans les ruines de ces cités antiques où elle prit naissance, quelque reste précieux de sa splendeur! Si, par un fortuné hasard, il s'arrête dans des lieux où le bras destructeur des années a laissé subsister un édifice presque entier, peut-il contempler, sans goûter un charme involontaire, ces monumens majestueux élevés par la main du génie à la vénération des siècles? Peut-il porter les yeux sur un ensemble si magnifique,

sans être électrisé à l'aspect de toutes les beautés qui
y sont renfermées, et sans être ravi du sublime génie
qui les enfanta ?....

Il ne faut pas croire cependant que les siècles écoulés n'aient produit que des hommes extraordinaires,
et que tous les architectes des anciens aient été parfaits : les ouvrages des Romains nous offrent trop
souvent les tristes preuves du contraire. Ainsi, voulons-nous ranger notre siècle à côté des âges brillans
de l'Egypte, de la Grèce et de Rome? apprenons
d'abord à étudier l'antiquité avec méthode, et à distinguer le génie de la routine; nos recherches nous
décèleront bientôt les sublimes secrets de l'art : eux
seuls peuvent nous conduire à créer des monumens
dans l'esprit qui dicta ceux qui seront éternellement
l'objet de notre admiration.

Tandis que des savans recommandables par leurs
lumières signalent leur amour pour la patrie en indiquant à la foule naissante des artistes les sources trop
long-temps méconnues où doivent être puisés les vrais
principes de leur art, nous avons desiré éclaircir divers points de l'architecture qui semblent être enfouis
dans la nuit des temps. Jaloux de nous associer à la
gloire de ceux qui propagent les saines doctrines, et
animé du même zèle, nous allons essayer de dévoiler
son génie, que les siècles barbares ont enseveli dans
les ténèbres.

Nous considérerons d'abord ce que l'on doit appeler

architecture ; nous trouverons cet art séparé de l'art
de bâtir, qui est confondu avec lui ; nous verrons la
différence qui existe entre un bâtiment et un monument ; nous développerons la naissance des arts qui
concourent à former l'architecture ; nous découvrirons
son but et son utilité ; nous parlerons des connaissances nécessaires à l'architecte, et nous verrons que
le génie en architecture réside dans la pensée de
l'édifice, qui, par un caractère de sa langue ou par
sa disposition, décèle une fiction sublime destinée à
rappeler quelqu'illustre souvenir. Nous examinerons
les diverses parties de cette langue, que l'on peut appeler la langue de l'architecte, puisque c'est par son
secours qu'il parvient à exprimer ses idées. Nous ap-
puyerons nos sentimens et nos réflexions par des
exemples puisés dans ce que les siècles écoulés nous
offrent de plus admirable. Nous contemplerons la
simplicité noble et spirituelle de l'architecture égyptienne ; nous aimerons à voir ensuite les germes féconds du génie sous le beau climat de la Grèce ; nous
verrons l'esprit humain s'élever aussi haut qu'il puisse
le faire sans le secours d'une divine inspiration ; tout
ce que le génie a de grand et de merveilleux ; tout
ce que l'art a de délicat et de parfait ; tout ce que la
langue, associée aux idées d'une mythologie brillante,
a de sublime, transportés comme par enchantement
sur les bords du Tibre. Nous reportant à une époque
moins reculée, nous découvrirons encore le génie

dans les édifices des architectes chrétiens ; et avec quelle sainte vénération contemplerons-nous les monumens français, où nous trouverons l'empreinte de ce génie naturalisé sur les rives de la Seine, sous le règne merveilleux de Louis-le-Grand!

Ce spectacle imposant et magnifique suffirait déjà pour captiver l'attention ; mais afin de ramener tous les objets vers le but essentiel, nous examinerons la formation des ordres grecs et romains ; nous découvrirons encore le génie dans leur ensemble ; nous donnerons, d'après les principes qui ont guidé les anciens, un nouvel ordre d'architecture ; nous indiquerons la manière de donner aux ordres leur expression primitive, ainsi que celles des moulures et des membres d'architecture qui accompagnent et forment une ordonnance entière. Nous jeterons un coup-d'œil sur les abus qui retiennent l'art dans une routine servile et inconsidérée ; nous indiquerons la marche que doivent suivre ceux qui veulent se signaler ; et pour appuyer notre doctrine, nous composerons un monument d'après les préceptes que nous aurons indiqués.

Tel est le plan que nous nous sommes proposé. On serait en droit d'exiger dans celui qui s'impose une pareille tâche, une admiration éclairée et réfléchie pour les chefs-d'œuvres des anciens, le talent de faire sentir et apprécier leurs divers genres de mérite, assez de bonheur ou d'adresse pour donner de la précision et de l'ensemble à des développemens très-vastes et très-variés de leur nature. Nous ne nous sommes point dissimulé ces difficultés du travail, et cependant nous avons osé l'entreprendre : c'est à l'attrait séduisant de la matière, de servir d'excuse à notre témérité.

Français! vous n'avez plus qu'une gloire à acquérir : vos triomphes à jamais mémorables vous ont donné le titre de la grande nation. Tout peuple guerrier fut peuple artiste : tout peuple qui aima la gloire, aima les arts qui la propagent. Que vos succès dans cette noble carrière vous rangent dans l'histoire à côté des plus illustres nations! Que la postérité, en racontant les merveilles de ce siècle, dise aussi que les arts, à l'envi, préconisèrent un héros véritable, et que Napoléon trouva Paris formé de cabanes de pêcheurs, et qu'il en fit un seul palais! Notre Monarque a surpassé ses prédécesseurs. C'est aux émules des fils d'Erginus à célébrer un règne si glorieux, en surpassant les prodiges de leurs devanciers. C'est au génie à cueillir la palme glorieuse destinée dans tous les temps à couronner le front des architectes.

LE GÉNIE

ET LES GRANDS SECRETS

DE L'ARCHITECTURE HISTORIQUE.

LIVRE PREMIER.

Comme on peut regarder l'Architecture.

Cᴏᴍᴍᴇɴᴛ peut-on envisager l'architecture ? comme une langue, un art, ou une science ? Telles sont les questions que doit se faire celui qui se livre à son étude. En considérant un monument, il découvrira que cet art a une langue, puisque l'édifice doit converser avec le spectateur et lui indiquer le but qui l'a fait ériger. Une langue est la totalité des mots mis en usage chez une nation pour exprimer ses besoins et ses pensées par des sons ou par des caractères qui parlent aux yeux. L'architecture, exprimant des sentimens et des pensées diverses par des caractères significatifs, est donc une langue.

L'architecture est un art, puisqu'elle réunit tous les arts.

L'architecture est aussi une science, puisqu'elle se sert pour ses œuvres des sciences exactes.

L'architecture est donc la collection des arts, des sciences et des langues ; et par cette raison c'est le premier des arts.

On nous observera peut-être que l'œuvre de l'architecte n'est pas plus merveilleux que celui d'un autre artiste, et même, que la construction d'une maison n'est pas aussi difficile que la facture d'un tableau ; qu'on voit des gens sans esprit, sans éducation, qui bâtissent très-solidement, tandis qu'il n'est pas d'exemple qu'un homme vulgaire ait fait un bon tableau : une observation semblable sortirait de la question, puisqu'on formerait le parallèle de ce que la peinture a de sublime avec la moindre connaissance de l'architecte. Nous ne devons pas confondre celui qui tracera des contours sur une toile, avec le peintre, ainsi que celui qui posera des couleurs sur les portes. Celui qui taillera une pierre, ne sera pas un sculpteur ; et on ne sera pas non plus un architecte, parce qu'on entassera des pierres (1). Le premier sera un dessinateur, le second un tailleur de pierres, et le dernier un maçon ou bâtisseur. La différence entre le dessinateur et le peintre, le tailleur de pierres et le sculpteur, le maçon et l'architecte, est aussi grande que celle qui existe entre le rimailleur et le poète, le joueur d'instrumens et le musicien, le bâtiment et le monument.

Quelle est donc cette différence qui existe entre le bâtiment et le monument? Celle qui se trouve entre l'œuvre du mécanisme et le travail du génie.

Le premier tire son origine de la nécessité; il a pour but de préserver les hommes des maladies, en les dérobant aux intempéries des saisons. Il est basé sur les proportions et la mécanique du corps humain (2). Le monument a des vues plus nobles et

---

(1) Chamber's Treatise, architecture. « It must not, however, be imagined, that building, considered merely as heaping stone upon stone, can be of advantage, or reflect honour either on countries or particularpersons. Materials in architecture are like words in phraseology ; which singly have litle or no power, and may be so arranged as to excite contempt; yet when combined with art and expressed with energy they actuate the mind with unbounded sway. A good poet can move, even with homely language ; and the artful dispositions of an able architect wille give lustre to the wilest materials as the feeble efforts of an ignorant pretender, must render the most costly enrichemens despicable. »

(2) Joseph Ortiz y sanz, trad, de Vitruve, f. 58, « Ha sido siempre consi-

plus élevées : sa naissance fut occasionnée par le desir de la gloire ;
son but est de conserver à la postérité quelque grand souvenir.
Il perpétue la mémoire du héros par lequel ou pour lequel il fut
élevé. C'est un temple de l'immortalité, c'est un poëme sublime,
dont la poésie divine rappelle à l'esprit, par l'organe de la vue,
les actions illustres des grands hommes. Le premier appartient
à l'art de bâtir, et le second à l'architecture.

Il est nécessaire, avant tout, de nous convaincre que ces deux
arts sont distincts ; on peut nous observer, il est vrai, que, sans
l'art de bâtir, il ne peut exister d'édifice, et par conséquent
d'architecture : nous sommes d'accord sur ce point ; mais parce
que cet art est indispensable à l'architecture, devons-nous croire,
par cette raison, qu'ils sont confondus, et prendre la partie
pour le tout ? Nous avons vu déjà que le dessinateur n'était pas
peintre ; il est certain cependant que le dessin est la base de la
peinture. Pourquoi persisterions-nous à croire que l'art de bâtir
fut l'architecture ? La même raison qui fait la différence du
dessinateur au peintre, existe pour former la démarcation entre
le maçon et l'architecte.... Considérons ce que nous appelons un
art, et nous nous convaincrons facilement que l'art de bâtir est
un art véritable, qui n'appartient pas plus à l'architecture que
les autres arts. Un art est la collection et la disposition technique
de règles par lesquelles on peint les effets naturels, les hommes
et leurs passions. Chaque art est divisé en plusieurs parties, et
chacune d'elles a sa poésie. La peinture est divisée en dessin,
pose et coloris ; on ne dira pas l'art du dessin (mais la connaissance du dessin), parce que le dessin ne comprend que l'imita-

derando el cuerpo humano como el mas perfecto que haya salido de las
manos del criador. Por esto procuraron los architectos Griegos arreglar
las partes de los ordenes architectonicos, à las del cuerpo humano, en
quanto fuesse possible y todo el edificio a todo el Hombre, como dice Vitru-
vio, y en el cap. 1 del. lib. 4 ; pero todo ello mas perteneçe à la ortogra-
fia que à la Icnographia. »

tion des contours, et qu'il ne présente qu'une image imparfaite de la nature ; mais on dira l'art de bâtir, puisque cet art a ses subdivisions, qui ont chacune leur poésie. L'art de bâtir est divisé en construction et distribution ; la poésie de la construction est dans la proportion des masses et des membres d'un bâtiment, qui pénètrent le spectateur d'un sentiment triste ou gai, douloureux ou voluptueux, selon son but ; celle de la distribution est dans la disposition intérieure, qui doit être conforme au sentiment du bâtiment ainsi qu'à son usage.

Si, par architecture, on n'entend pas l'art qui élève des murs, des colonnes, des voûtes, etc., qu'est-ce donc ? La sublimité de l'architecture ayant été reconnue dès l'antiquité la plus reculée, les Grecs ne sachant comment appeler une émanation tellement merveilleuse, formèrent un composé, d'Archos tectos, qui signifie *art par excellence*. Quel autre qualification auraient-ils pu donner à un art qui est formé par la réunion des génies de l'art de bâtir, de la peinture, de la sculpture et de la langue ?... Nous avons vu précédemment que le génie de l'art de bâtir consistait dans la proportion et la distribution des membres divers d'un bâtiment, et que de cette disposition naissait pour le spectateur telle ou telle sensation. Celui de la peinture réside dans l'expression du sujet que le peintre a traité ; cette expression prend son origine dans la poésie du dessin, de la pose et du coloris. Celui de la sculpture est pareillement dans l'expression que le sculpteur a donné au marbre, par la poésie du dessin, de la pose et de la proportion. L'esprit, ou génie des langues, réside dans le choix des expressions dont l'orateur ou le poète se servent pour rendre leur pensées, et par lequel ils électrisent ou confondent à leur gré. C'est cette réunion merveilleuse qui constitue l'architecture, et c'est la seule que les anciens, toujours judicieux, ont pu qualifier d'art par excellence (1).

---

(1) Il demeure certain que l'architecture a toujours été regardée comme

En jetant nos regards sur la naissance des arts, nous apercevrons que l'art de bâtir prit naissance avec l'homme, tandis que l'architecture ne fut créée que lorsqu'il fut policé. Ce sera encore une nouvelle preuve qu'ils sont distincts.

NAISSANCE DES ARTS.

De l'art de bâtir.

C'est sans contredit une erreur bien grossière, qui tient à la barbarie et à l'ignorance, que de ranger dans la classe des monumens jusqu'aux moindres cabanes. Peut-on honorer ceux qui les construisent du titre d'architecte? S'il en est ainsi, c'est vouloir plonger pour toujours l'architecture dans les ténèbres, et déshonorer, aux yeux d'une nation éclairée, l'architecte véritable; c'est vouloir empêcher que le savant s'occupe de cet art, puisqu'il se trouverait confondu dans la classe du maçon.

L'homme, en se construisant des habitations, suit l'instinct naturel; il lui est commun avec les autres animaux. Remontons en idée au berceau du monde, ou plutôt, pour trouver des guides plus sûrs dans nos observations, transportons-nous sur les rives fertiles du Mississipi, ou sur les bords rians et fleuris de l'Ohio : considérons l'homme tel que la nature l'a créé; son premier soin sera de se mettre à l'abri des intempéries des saisons. Ainsi que Vitruve le rapporte, il se logera dans les cavités des montagnes; voilà le premier pas.

L'Eternel a accordé à sa plus parfaite créature un don pré-

---

un art merveilleux. En ouvrant l'histoire, les récits qui se présentent les premiers, sont les descriptions des monumens anciens. Ce qui nous le prouve d'une manière non moins équivoque, c'est en remarquant les manœuvres des orateurs, qui, pour nous présenter l'image du vrai beau, se servent des mots monumens et édifices; et pour personnifier le Créateur, lui donnent le titre du Grand Architecte de la nature; et certes on ne dira ni le poète, ni le peintre, ni le sculpteur, ni le musicien de la nature.

cieux, c'est celui de l'observation : il la conduit à contempler l'œuvre plus ou moins merveilleux des autres êtres. L'homme, naturellement imitateur, suit l'instinct de ceux qui le frappent le plus. Comme le lion, il avait trouvé son asile dans le roc ; ainsi que le renard, le loup et la taupe, il se creuse une habitation dans le tertre, comme celles qu'on remarque chez les peuples habitant les îles situées à l'orient du Kamtchatka. Cette nouvelle demeure convient mieux à son caractère ; il jouit d'un air plus pur ; il contemple à loisir les coteaux dorés par les rayons du flambeau céleste, l'azur du ciel et les riantes et brillantes couleurs dont le créateur a émaillé la plaine. C'est dans le lieu où il admire les merveilles de la nature, qu'il fixe sa résidence. Pour se garantir des injures des hivers, il imite la construction du nid des oiseaux ; il s'empare, comme eux, des branchages que l'impétuosité des vents a détachés des troncs, des joncs, des cannes, des roseaux et autres plantes desséchées par le feu céleste. Il en couvre sa nouvelle cabane en forme de cône, afin de faciliter l'égout des eaux pluviales ; pour empêcher leur filtration dans sa demeure, il enduit cette couverture de terre argileuse, à l'imitation du nid des hirondelles ; il éprouve dans son œuvre des jouissances plus vives ; l'humidité et les ténèbres, qui l'incommodaient dans les cavernes, ont disparu. Il est à la portée de se procurer sa subsistance avec moins de fatigues : voilà le second pas.

Enfin, pour avoir des habitations plus durables que celles dont nous venons de parler, qui, par leur construction fragile, ne pouvaient résister long-temps aux révolutions atmosphériques, il rassembla, lorsque sa famille fut augmentée, les blocs de pierres que la fureur des tempêtes avait détachés de la croupe des montagnes et avait fait rouler dans la plaine. Alors on vit s'élever ces habitations formées de pierres réunies.

Qui pourrait dénombrer les siècles qui se sont accumulés ainsi depuis la création jusqu'à l'époque où les hordes sauvages commencèrent à se réunir en peuplades? Vitruve nous apprend que le feu occasionna la réunion des hommes. Ce ne fut qu'après ce rapprochement qu'ils furent capables de se construire des habitations plus solides et plus élégantes par la communication de leurs idées, qui se développèrent lorsqu'ils furent rassemblés. Alors ils abandonnèrent les forêts, où jusques là ils avaient habité parmi les bêtes féroces; ils se rapprochèrent des bords des fleuves et des lacs, qui leur fournissaient des subsistances de toutes sortes. Pour se préserver des inondations, ils élevèrent leurs cabanes au-dessus des débordemens ordinaires, et, ainsi que le castor, ils plantèrent des pilotis. Il n'existait point encore d'architecture, puisque le génie n'avait rien créé; on n'aperçoit dans les habitations grossières des hommes de ces temps, que l'instinct et l'imitation des œuvres des êtres de la nature; de grandes cités étaient même fondées, qu'elle n'existait pas davantage : ce n'était encore que l'art utile ou l'art de bâtir.

Naissance de la Langue primitive, de la Peinture et de la Sculpture.

Lorsque les hommes furent rassemblés, d'abord ils se parlèrent par signes ; ce qui est plus que présumable, car nous voyons journellement des étrangers se faire entendre de cette manière. Notre opinion sur la formation de la langue, est que l'homme, à l'aspect d'un des êtres de la grande famille de la nature, fit sortir un son, soit par la crainte, la surprise, l'admiration, ou l'imitation (1), et que ce son représenta, dans la

(1) Ces quatre sensations ont pu produire la naissance de la langue. Rolin, liv. 1er., fol. 161, nous apprend ce qui se passa sous le règne de Psammiltique. Jusqu'à son règne, les Egyptiens se croyaient les plus anciens peuples de la terre. Ce roi voulut s'en assurer par lui-même. Il fit élever, dans ce desscin, deux enfans nouveaux-nés à la campagne, et dans une cabane bien fermée. Il chargea un berger de les faire nourrir par des chèvres,

conversation, l'objet qui l'avait produit. Tout porte à croire que ce fut le principe de la langue primitive : l'observation de l'homme le mit à même de fixer aux caractères, aux vices et aux vertus de ses semblables une expression qui l'indiquât à l'esprit par la comparaison avec un être quelconque, soit quadrupèdes, oiseaux, poissons, arbres et plantes, etc. Nous apercevons ces images dans la poésie des Hébreux ; ce sont des tournures si familières aux Orientaux, qu'on ne peut les révoquer en doute ; ce sont elles encore qui prêtent tant de charmes à la poésie des premiers temps. Ce fut sans doute le son qui fut prononcé à la vue de l'agneau, qui servit à peindre à l'esprit la douceur : pour la force et la générosité, ce fut celui qu'il avait prononcé en remarquant le lion ; et pour dépeindre le courage, ce fut celui qu'il avait articulé à la vue du taureau. Tous les êtres furent donc employés à la formation de la langue ; la nature entière servit de dictionnaire, et ce dictionnaire est immuable, puisque le caractère des animaux ne varie jamais ; que le taureau sera toujours courageux, que l'agneau sera toujours doux, que le pélican sera toujours bon père de famille, et que la couleuvre sera toujours ingrate.

La formation de cette langue divine et merveilleuse est sans contredit au-dessus de celle des autres langues. Dans la pre-

---

(d'autres disent par des femmes auxquelles on avait coupé la langue), avec ordre de ne laisser entrer personne. Ces enfans avaient deux ans lorsque le berger se présenta un jour pour leur donner leur nécessaire. Ils s'écrièrent tous deux, en étendant leurs bras vers leur père nourricier : *Beccos, beccos.* Le berger, surpris de ce langage, en donna avis au roi, qui les fit venir pour s'assurer de la vérité du fait, et ils recommencèrent à bégayer ce jargon. On vérifia à quel peuple ce mot appartenait, et on trouva qu'il était phrygien, et qu'il signifiait *du pain.* Comme on amenait à ces enfans des chèvres pour les nourrir, quelques-uns croyent, avec assez de vraisemblance, qu'ils avaient pu former ce mot à l'imitation du cri de ces animaux, *bec* ou *beccos.* Nous avons en français quelques mots formés de cette manière : comme exemple on peut citer le coucou.

mière, tout est spirituel ; chaque expression est fixée sur l'œuvre du créateur ; elle apporte un sens qui se grave sans peine dans la mémoire, et qui satisfait l'imagination, tandis que la valeur des mots des langues vulgaires est le résultat d'une froide convention.

Naissance de la Peinture et de la Sculpture.

La langue primitive fut donc puisée dans la nature. Par son secours, les hommes se communiquaient leurs pensées, et se transmettaient d'âge en âge les événemens des siècles écoulés. Naturellement portés à perpétuer leur mémoire, ils cherchèrent une manière plus durable que la tradition, qui se trouve toujours altérée par la succession des siècles. Ainsi qu'ils avaient adopté le son qui avait été articulé à la vue d'une créature, ils en conservèrent la forme, pour transmettre les mêmes pensées. Voulaient-ils consacrer à la vénération des races les plus reculées un prince, père de son peuple ? Ils représentaient son image, en l'imprimant sur des écorces par le ministère de la peinture, ou sur des troncs ou des pierres, par celui de la sculpture : à ses pieds ils posaient un pélican, s'ouvrant le sein pour nourrir ses fils. Ce fut ainsi que prirent naissance la peinture et la sculpture, et ce ne fut point, comme nous le voyons déjà, pour le plaisir frivole d'une décoration. Après avoir imprimé les caractères de la langue, ils renfermèrent ces traits historiques dans les lieux destinés à conserver leurs annales. (1)

____

(1) Jusqu'au règne de Séthon, les prêtres égyptiens comptaient trois cent quarante et une générations d'hommes, ce qui fait onze mille trois cent quarante années, en mettant trois générations par cent ans. Ils comptaient pareil nombre de prêtres et de rois. Ces derniers, soit dieux, soit hommes, s'étaient succédés, sans interruption, sous le nom de *Piromis*, qui signifie bon et honnête. Les prêtres égyptiens montrèrent à Hérodote trois cent quarante et un colosses de bois de ces Piromis, rangés tous en ordre dans une grande salle. (*Rolin, f. 153, liv. I.*)

Naissance de l'Architecture.

Les connaissances des hommes se développant de jour à autre par les avantages de la langue, qui leur donnait la facilité de se communiquer leurs pensées, les arts parvinrent tout-à-coup à un tel degré de perfection, que les rois, pour s'immortaliser, songèrent à élever des monumens. Les premiers édifices furent ceux destinés aux cérémonies religieuses : ils commencèrent donc par ériger des temples aux dieux, et imprimèrent tant à l'extérieur que dans l'intérieur, les dogmes de leur religion : les caractères primitifs servirent à cet effet. Après avoir élevé ces temples, ils voulurent aussi conserver à leurs successeurs la mémoire des hommes célèbres et des actions qui les avaient illustrés, ainsi que celle des grands événemens des empires (1). Alors ils construisirent des édifices, sur lesquels ils posaient des inscriptions formées par les caractères de leur langue, qui rappelaient les souvenirs qu'ils étaient destinés à perpétuer. Ces édifices devinrent des poëmes (2). Ainsi prit naissance l'architecture, et nous voyons que les arts qui concourent à sa formation sont l'art de bâtir, qui élève la masse ; la langue, qui assemble les mots, pour leur donner une signification ; la peinture et la sculpture, qui les impriment.

Il est assez à propos de faire remarquer ici que l'architecture n'appartient, ainsi que les autres arts (l'art de bâtir excepté)

____

(1) Sésostris ayant étendu son empire depuis le Gange jusqu'au Danube, il y eut des peuples qui cédèrent et d'autres qui résistèrent. Sésostris eut soin de marquer, dans ses monumens, cette différence en caractères hiéroglyphiques, à la manière égyptienne. (*Rolin, liv. I, pag.* 133.)

(2) Diodore décrit plusieurs monumens qu'Ossimandias avait fait construire. L'un entre autres était orné de sculptures et de peintures d'une beauté parfaite, qui représentaient son expédition contre les Bactriens, peuple d'Asie. (*Diodore, liv. I, pag.* 44 *et* 45.)

qu'aux nations civilisées. La découverte du Nouveau Monde nous offre un spectacle bien digne de nous captiver : c'est celui que nous présente le parallèle des peuplades errantes du nord de ce continent, avec celui des peuples des contrées méridionales. Les premiers paraissent à nos regards dans l'état de l'homme de la nature, les derniers sont dans un état de civilisation : ils ont des lois établies ; les uns n'ont que des hutes sauvages, les autres des temples comme ceux des Égyptiens. Contemplons Cusco et Quito, nous trouverons dans leur enceinte, ainsi que dans celles des villes d'Égypte, la preuve la plus convaincante que l'architecture ne prit naissance que pour célébrer les dieux, les rois, les héros et les grands hommes, ou pour conserver la mémoire de quelque grand événement. En contemplant les monumens célèbres de ces deux peuples, nous nous convaincrons que ce fut là son but, puisque cette marche se décèle chez deux nations séparées par les ondes des océans.

Arrêtons nos regards sur le temple du Soleil, à Cusco. N'estce pas là un monument d'architecture? le génie n'a-t-il pas réuni tous les arts? jusqu'à celui dont le Dieu des chrétiens fit présent à Hiram, lorsqu'on édifia le temple dont Dieu luimême avait donné les plans.

Ces peuples, en matière de sculpture, nous offrent aussi des choses extraordinaires. On remarquait à un Tambos situé sur la route de Quito, des mufles de lions dont les narines étaient traversées par des anneaux mobiles, quoique taillés dans le même bloc.

Nous remarquons encore chez ce peuple que les premiers architectes ont été les Incas. Ce fut l'inca Manco Capac, fils du Soleil, qui édifia Cusco. Chez les anciens, nous voyons à la tête des architectes, Busiris, Uchoreus, la reine de l'Assyrien, Trophonius et Agamedes, fils d'Erginus; nous découvrons en outre que les travaux qui leur méritèrent ce titre glorieux sont des villes fondées et des temples élevés en l'honneur des dieux. D'après l'exposé des arts qui constituent l'architecture, pouvions-nous croire que cet art divin n'eût d'autre but que de rassembler les pierres? Nous nous sommes convaincus qu'il ne fut créé que pour immortaliser les grands hommes, et que pour parvenir à ses fins il puisait l'essence la plus pure des autres arts, et qu'il les régissait à son gré : pourrions-nous nous imaginer encore que l'art par excellence eût pour but de pourvoir aux commodités de la vie? Eloignons cette pensée ridicule. Les anciens étaient trop sages pour assigner un titre aussi glorieux à une sorte d'instinct, car l'art de bâtir n'est autre chose qu'une imitation de l'homme (1), tandis que les productions de l'architecte doivent être marquées au coin de la grandeur et du génie. Il se sert des arts qui lui sont soumis, comme de puissances qu'il augmente ou modifie à son gré, et c'est par la réunion de leur esprit qu'il parvient à perpétuer les grands événemens des empires.

Emules des Dinocrates, des Andronic Chyrrestes et des Mutius! rappelez-vous ces grands préceptes et ces grandes vérités, que l'architecture ne consiste point à poser pierre sur pierre, mais que son génie réside dans l'art si difficile de les faire parler à l'esprit par l'organe de la vue; et que celui qui entasse les pierres pour se former des habitations, n'est point

---

(1) Ce point demanderait, pour être expliqué, de très-grands développemens : il fera la matière d'un ouvrage que nous ferons paraître sous peu, et qui fait suite à ce faible essai, sous le titre du *Génie et des grands Secrets de l'Art de bâtir.* Nous nous bornerons, pour le moment, à rappeler que tous les auteurs nous ont transmis que les anciens avaient basé tous les ouvrages d'architecture sur les proportions du corps humain. Le célèbre docteur Martinus Martinez nous le dit formellement : nous avons vu déjà le sentiment de l'architecte Joseph Ortiz y Sanz, et l'Ecriture nous apprend aussi que le temple de Salomon et l'arche de Noé avaient été compensés sur cet illustre et sublime modèle.

un architecte , ainsi que le castor : il n'est qu'un bâtisseur, ou un maçon.

De l'utilité de l'Architecture.

Jeunes architectes , apprenez à connaître le vaste champ de gloire qui vous est offert ; osez descendre dans la lice ouverte par tant de grands hommes , et cherchez à les surpasser par votre génie. Tout ce qui est grand et noble appartient à votre art : que vous devez être fiers de votre profession ! Non-seulement vos œuvres célèbrent les dieux , les rois et les héros , pour les générations présentes , mais encore pour la postérité la plus reculée. Les langues vulgaires se confondent et se perdent par les changemens qui arrivent sur la surface du globe ; mais celle de l'architecture est immuable , et ses poëmes brillent toujours du même éclat. Ainsi que Dinocrate , vous pouvez faire parler les monts , et même les sommets embrâsés du Vésuve et de l'Etna , les trésors enfouis dans les profondeurs de la terre.

Le bras destructeur des années , le torrent des révolutions, les orages de la politique , semblent respecter les œuvres de l'architecte. Des montagnes se sont affaissées , de vastes plaines ont disparu sous les ondes, des fleuves se sont desséchés, des empires ont cessé d'exister , et ces édifices , l'admiration des siècles , qui décorent les rives du Nil , sont encore entiers , tandis qu'il ne reste plus dans la mémoire des hommes que des souvenirs confus des peuples qui les élevèrent.

L'architecture est l'art le plus utile chez une grande nation. Qui pourrait lui contester un titre qu'elle mérite réellement , si ce n'étaient ces hommes mécontens de tout ; ces hommes sans ame , sans jugement à eux ; ces esprits chagrins et caustiques, qui ne voyent dans les grands monarques, qui immortalisent leurs noms et leurs patries par de grands travaux , que des ambitieux et des tyrans avides de gloire ? Laissons ces détracteurs de la solide grandeur et du vrai beau dans leurs grossières erreurs : il n'appartient qu'à la postérité de juger d'une manière équitable de si grands bienfaits; elle venge les rois, victime d'une calomnie si infâme, en les couronnant de la palme immortelle. N'est-ce pas l'architecture qui fait la fortune et la gloire des nations par ses œuvres? C'est elle encore qui récompense dignement les actions illustres; en les célébrant, elle en est l'aliment.

Nous avons indiqué la naissance de l'architecture, le but pour lequel elle fut créée; nous avons prouvé son utilité: nous allons traiter des connaissances dont doit se pénétrer celui qui veut parcourir cette carrière avec honneur.

Des connaissances nécessaires à l'Architecte.

Si tous ceux qui se livrent à l'étude d'un art ont besoin d'un grand fonds de connaissances pour s'y distinguer, à plus forte raison celui qui desire professer l'architecture doit-il les posséder. Ce serait trop exiger que l'architecte fût aussi savant dans chaque partie, qu'un homme qui s'y livrerait exclusivement; mais il doit avoir une teinture de toutes. Celles qui lui sont indispensables, sont les mathématiques, l'histoire, les langues anciennes et modernes, et l'art de bâtir. Ces premières connaissances doivent être possédées parfaitement. Il en est d'autres dont il doit se pénétrer superficiellement, comme la peinture, la sculpture, la médecine et la musique.

De la Science Mathématique.

La science mathématique sert à l'architecte pour ses calculs divers, la levée des plans, pour la construction des machines. L'optique lui enseigne la manière d'éclairer ses monumens, et la perspective lui apprend la proportion qu'il doit donner aux membres d'architecture, par rapport au point de vue.

De l'Histoire.

L'histoire lui fournira les caractères de sa langue, qui sont appelés vulgairement ornemens d'architecture.

Des Langues.

La connaissance des langues pourrait paraître superflue, d'après l'idée que nous nous faisons maintenant de l'architecte ; beaucoup de celles dont nous parlerons seraient dans le même cas, si l'art consistait à entasser des pierres comme le maçon ; mais, comme il en est autrement, cette connaissance lui est plus utile qu'on ne pourrait le penser : il doit être poëte. C'est dans les ouvrages des anciens qu'il apprendra le secret d'animer les êtres insensibles, en figurant, par des images vives et saillantes, les choses les plus spirituelles et les plus métaphysiques. Chez eux, les vertus sont des degrés qui élèvent le juste au céleste séjour. Faut-il décrire des combats, des tempêtes, tous les fléaux de la colère céleste ? quel ton lugubre ! quels traits menaçans ! quelles couleurs sombres et effrayantes ! Une armée d'insectes dévorans inspire plus de crainte dans la divine Ecriture, que des légions de guerriers dans les ouvrages profanes. Le courroux de Dieu, qui les envoie, les accompagne et marche devant eux. C'est principalement dans les langues orientales qu'il puisera ces images et ces métaphores, qui lui seront d'un très-grand secours pour exprimer ses pensées dans les bas-reliefs. La connaissance des langues est encore d'une grande utilité pour la lecture de bons auteurs qui traitent de notre art : c'est un grand avantage pour l'architecte que de pouvoir par lui-même étudier les sentimens des architectes célèbres de toutes les nations.

De l'Art de bâtir.

Ainsi que la connaissance du dessin est indispensable pour

le peintre, l'art de bâtir est pareillement utile à l'architecte, puisqu'il forme la base fondamentale de son art. Il doit donc se pénétrer de ses préceptes et règles. Nous sommes bien loin de penser, comme quelques architectes, qu'ils soient inutiles, en disant que le génie ne connaît point de règles. Ah! combien ils s'égarent ceux qui présentent des opinions si hasardées, ou combien ils méconnaissent des préceptes dont on ne s'écarte jamais sans errer, et que le Grand Architecte de la nature nous décèle dans ses œuvres, qui nous dérobent, sous une apparente simplicité, le mécanisme le plus admirable et les ressorts les plus compliqués! Ont-ils donc oublié que le génie, sans préceptes ni règles, ne fait plus que se pervertir et s'égarer; que tous les arts portent des chaînes salutaires qui les garantissent des corruptions d'une licence effrénée. On sait qu'on peut produire dans tous des transitions brusques qui étonnent par leur hardiesse; mais le sort n'a pas permis à tous les hommes de savoir les amener sur la scène. Rappelons-nous que l'harmonie, ou la proportion, si nécessaires dans les beaux-arts, satisferont les organes des savans et de la multitude qui en est l'écho. Pour désabuser ces hérétiques, qu'on les force d'admettre dans leurs compositions des fenêtres de trois diamètres et plus, et des colonnes de douze, ils rougiront d'avoir prononcé des mots dont ils ne connaissent pas la portée. Laissons quelques esprits bizarres ou frivoles se piquer d'une folle indépendance; qu'ils prétendent que les arts soumis aux règles ne sont plus des arts de génie et d'invention; qu'ils ne voient dans notre respect pour les préceptes de l'art qu'une aveugle présomption; qu'ils traitent de préjugés l'admiration la plus légitime et l'hommage le plus justement acquis : l'art de bâtir, la peinture, la sculpture et la musique n'en seront pas moins des arts où le génie se manifestera; il n'en faudra pas moins des modèles et des règles aux artistes; il leur faudra aussi des guides qui les conseillent et les éclairent.

De la Peinture et de la Sculpture.

Il n'est pas absolument nécessaire que l'architecte soit grand peintre et grand sculpteur ; mais il doit connaître le génie de ces deux arts, afin d'être à même d'apprécier le talent des artistes qu'il emploie.

De la Médecine.

La connaissance de la médecine est assez utile pour l'architecte, sur-tout lorsqu'il s'agit de fonder des villes. Il faut alors qu'il puisse choisir un lieu sain, dont l'air soit pur et les eaux salubres ; elle lui enseignera comment doivent être situées les rues, par rapport aux vents, afin de procurer un air plus doux.

De la Musique.

C'était chez les anciens un art absolument nécessaire aux architectes ; cette connaissance leur rendrait encore quelques services pour la disposition des *odeum*, en plaçant des vases d'airain, de tôles ou d'autres matières sonores. Ils donneront à l'orateur, au comédien et au chanteur une voix beaucoup plus pleine.

Telles sont les connaissances dont doit se pénétrer celui qui se destine à l'architecture, et qui veut mettre entre lui et le maçon une démarcation bien établie. Le nombre en est grand réellement ; mais aussi l'architecte doit être au-dessus du commun des hommes ; d'ailleurs la plupart ne sont que le fruit des études des gens bien nés ; elles sont enseignées dès l'enfance. Quand il sera ainsi disposé, il peut saisir hardiment l'équerre et le compas ; il ne peut manquer, avec le génie, don précieux du créateur, que toutes les études ne peuvent remplacer, de produire des édifices dignes d'être rangés auprès des modèles parfaits et inimitables des architectes nos prédécesseurs.

Du Génie en Architecture.

Tout ce qui est grand, tout ce qui est noble, tout ce qui est sublime, tout ce qui est original, appartient au génie.

Le génie, en architecture, est dans la perfection de l'œuvre. L'aspect du monument doit indiquer le motif qui a donné lieu à son érection ; les caractères de la langue de l'architecture doivent l'indiquer pareillement ; il ne doit rien avoir d'étranger à son sujet.

Dans l'édifice enfanté par le génie, la forme extérieure doit annoncer au loin son but (1). La langue doit rappeler les traits historiques qui lui ont donné lieu ; ils servent en même temps d'ornemens. La disposition intérieure doit indiquer le même but, soit par la forme, qui représente un caractère de la langue, ou par toute autre disposition ou distribution, qui renferme une pensée ingénieuse et sublime, ou qui décèle quelque trait brillant de l'imagination (2). Les caractères ou ornemens doivent rappeler cette pensée, et tout en général doit être pris

______

(1) Toutes les églises des architectes chrétiens, comme on peut s'en convaincre, renferment le génie de l'architecture. La forme de la croix, qui se fait apercevoir au loin, indique le culte du Christ. Dans l'intérieur, la même forme symbolise le temple du Dieu de l'Évangile, et chaque nef est divisée en trois parties, pour représenter l'image de la Trinité, formant un seul tout. Quand nous parlerons de l'architecture gothique, nous ferons remarquer tout l'esprit qui est répandu dans ses monumens.

(2) L'empereur Napoléon, en ordonnant la construction de trois chapelles expiatoires (qui conduiront aux catacombes destinées à recevoir son auguste sang), nous a donné l'exemple des grandes et sublimes pensées si familières aux anciens ; il était réservé à son génie de les renouveler après tant de siècles d'exclusion. C'est un hommage glorieux rendu aux mânes des trois races de nos rois, dont les cendres ont été souillées dans les temps de désordre. Le spectateur, en traversant ces chapelles, se pénétrera d'une grande leçon, en se rappelant que l'anarchie ne respecte pas même les cendres des pères des empires.

dans le sujet que l'architecte a choisi. Comme il est indispensable, pour parvenir à créer des édifices dans cet esprit, de
connaître la langue de l'architecture, avant de nous appuyer
des preuves puisées dans l'antiquité, nous allons jeter nos
regards sur ses caractères et ses parties diverses.

Formation de la langue de l'Architecture.

Quand nous avons traité de l'origine des arts, nous avons vu
que cette langue fut créée sur les vertus, les vices et le caractère des animaux, des plantes, etc. La nature entière a donc
contribué à sa formation; elle est par conséquent son dictionnaire, et c'est là le grand livre qui conserve le dépôt sacré de la
signification de ces caractères, et c'est dans ce livre admirable
qu'on doit aller s'instruire.

Cette langue se compose des caractères primitifs et des caractères composés, qui renferment les caractères métaphoriques.

Des Caractères primitifs.

Les caractères primitifs sont ceux que le créateur a formés et
auxquels il assigna une signification qui est invariable, puisqu'elle est fondée sur la nature. En contemplant cette langue, il
semble que l'Éternel ait voulu en faire la langue universelle; car
personne ne peut révoquer que les animaux, les plantes, etc.
n'aient une signification distincte, que l'étude de la nature nous
décèlera. Les anciens, convaincus de cette grande vérité, assignèrent à chaque espèce une expression fixée par sa nature
physique ou morale. Les hommes ayant remarqué que l'aigle
était toujours triomphante, ils l'adoptèrent pour indiquer la
victoire; le laurier, qui, par sa nature, est toujours vert, in-
diqua la valeur, pour annoncer que les belles actions ne per-
daient jamais de leur éclat, et cet arbre fut destiné à couronner
les vainqueurs.

Des Caractères composés.

Les caractères composés ont été créés dans la suite par l'imagination. Ils sont formés par la réunion de l'image de l'homme et d'un attribut qui lui donne une signification, qui se fait entendre à l'esprit. C'est ainsi que sont les dieux de la profane antiquité.

Des Caractères métaphoriques.

Les caractères métaphoriques sont des caractères composés d'une autre sorte, qui indiquent, par la représentation d'un être qui tient de plusieurs animaux, plantes, etc., une réunion de plusieurs qualités. Ainsi, pour représenter les vertus militaires, on formerait une seule figure, composée des traits caractéristiques du serpent, du lion, du taureau et du coq. Les griffons, et d'autres monstres semblables, bien loin d'être produits par le déréglement de l'esprit, comme quelques architectes le prétendent, sont des productions infiniment spirituelles pour celui qui en découvre la signification (1).

Des Temps.

La langue de l'architecture n'a que deux temps, le passé et le présent ; elle ne peut avoir de futur, ainsi que nous allons nous en convaincre, puisque l'imagination ne peut le prévoir, et que son but ne fut jamais que de célébrer les événemens antérieurs et présens. Ces deux temps se distinguent par les caractères

____

(1) On voit, près des pyramides d'Égypte, un sphinx d'une grandeur extraordinaire. Cette figure est composée d'une tête de femme et du corps d'un lion. Nous avons été long-temps à découvrir le sens qu'elle renferme ; elle symbolise la Mort ; elle était située près des pyramides (qui sont des tombeaux), pour indiquer le séjour des ombres. Les Arabes appelle ce colosse *la Mère de la Peur*.

créés par les mortels, lesquels portent l'action ou le trait historique retracé ou à retracer à l'époque véritable. Dès-lors il ne
peut être confondu avec un autre qui y aurait rapport, quoique
le dernier fût de beaucoup postérieur. Les caractères qui servent
pour indiquer le passé et le présent sont les instrumens des
cultes, les armes, les habillemens et autres inventions qui, par
leur différence, indiquent encore le lieu où se passe l'action.

Des Inconvenances.

Il y a inconvenance partout où les caractères de notre langue
sont admis mal à propos. Si, dans les langues vulgaires, la
transposition d'un seul mot peut changer la pensée, quel gali-
mathias doit-il donc résulter quand on change la presque totalité?.... Il y aura inconvenance quand on posera dans la frise
d'un arc triomphal des rinceaux de feuilles d'acanthe, et pareillement si on admet, pour orner les moulures de ce monument,
des feuilles d'eau et autres plantes semblables. Cependant on
peut les laisser subsister, quand les fleuves que le vainqueur a
traversés y figurent; alors il faut que ces feuilles naissent sur
leurs bords. Quand on admettra à un palais des arts des casques
et autres armes, il y aura inconvenance; il faut bien se pénétrer que le but de ce monument n'est pas de célébrer les
actions héroïques, ce sont celles des arts : c'est par des caractères analogues qu'on y parviendra. Un grand monarque est
ordinairement protecteur des arts; il faut chercher dans sa vie
des événemens qui soient en rapport avec le but du monument.
Il y a aussi inconvenance quand on admet à un temple destiné
à l'adoration chrétienne, les caractères qui indiquaient les
temples payens (1). L'inconvenance est bien grande dans ce

---

(1) When frises or other large members are to be enriched, the ornements
may be significant. And serve to indicate the use of the building or the
qualities and actions of the owner. But it is a foolish custom to crowd

cas, puisque le présent est mis au passé, et qu'ils indiquent un
Dieu de clémence et de bonté comme les dieux avides de sang.
Nous ne finirions pas, si nous voulions parler de toutes les inconséquences qui se sont commises depuis des siècles; elles ne sont
produites que parce qu'on ne réfléchit pas assez. Voici quelques
réflexions que nous avons faites, lorsque nous nous sommes
livrés à l'étude de l'architecture; nous croyons qu'elles ne seront pas inutiles ici, puisqu'elles suppléeront aux raisonnemens
que nous aurions pu faire sur ces inconvenances. C'est la raison
qui nous a engagé à les mettre au jour.

Dès nos premiers essais dans l'architecture, l'admission de
la sculpture et de la peinture dans les édifices, nous parut
mériter l'attention. Pour avoir une route certaine à suivre,
nous avons desiré nous rendre compte des motifs qui avaient
pu porter nos devanciers à en faire un si fréquent usage, qui
augmente considérablement la dépense des monumens. Quelques méditations, et les comparaisons que nous avons faites
entre les fragmens de l'antiquité et les ornemens de nos temples,
nous ont convaincu que c'était à tort qu'on admettait au temple
du Dieu de l'Évangile les têtes des victimes immolées aux
dieux sanguinaires des payens. Cet examen suffit pour nous
apprendre que la sculpture avait été introduite dans les monumens pour un but qui nous était inconnu ; mais que ce n'était
point pour le plaisir des yeux, comme quelques architectes le
prétendent. Une réflexion naturelle se présente à l'observateur,
et les manœuvres du génie se décèlent d'elles-mêmes : si les ca-

---

every part with arms, crests, cyphers, and mottos : for the figures of
these things are generaly bad. And it betrays an unbecoming vanity in
the patrons of the fructure. In sacred places all obscène grotesque , and
heathenisch representations ought to be avoided : for lowd fables , extrava-
gant conceits , or instrumens and symbols of pagans worship , are very im-
proper ornamens in houses consecreated to christian purposes.

Chamber's Treatise of architecture , of the origin of buildings, f°. 7.

ractères de la peinture et de la sculpture avaient été admis uniquement pour la satisfaction des yeux, remarquerait-on dans les temples des anciens les instrumens du culte et les têtes des victimes sacrifiées aux dieux en l'honneur desquels ces temples avaient été érigés? Si telle eût été la pensée de l'architecte, si son but avait été de ne procurer des plaisirs qu'à la vue, les caractères auraient été pris au hasard ; ils auraient représenté aussi un spectacle plus propre à charmer que celui qui rappelle à l'imagination les souvenirs douloureux et effrayans du néant de la nature.

Pour nous retirer du dédale dans lequel nous étions engagés, il fallait découvrir la cause qui avait produit le besoin de la peinture et de la sculpture ; pour cela, il était nécessaire de remonter à leur origine. Nous avons aperçu chez tous les peuples, que leurs caractères avaient été les premiers signes typographiques, dont les premiers d'entre eux avaient fait usage, et, entr'autres, les Chinois et les Égyptiens, et que les Mexicains et les Péruviens s'en étaient servi pareillement ; que les caractères des Égyptiens avaient passé chez les Grecs, qui, après les avoir embellis des couleurs de leur génie, les transmirent aux Romains. Nous avons donc ainsi découvert que cette langue admirable, dont nous ne connaissons plus que des vestiges, était la véritable langue de l'architecte ; qu'il pouvait par son secours exprimer toutes ses pensées, et conserver à la postérité les plus grands souvenirs, en imprimant ses caractères sur les pierres de l'édifice dont il était le créateur ; mais aussi qu'il devait connaître parfaitement cette langue et la signification de ses mots : autrement, s'il admettait ces caractères, qui ont chacun une expression fixée par la nature des choses, sans savoir ce qu'ils indiquent à l'esprit, il ne formerait aucune phrase, de même que s'il rassemblait au hasard les mots d'une langue quelconque. Quand il se sera familiarisé avec le sens de ces mots, il pourra bien recourir aux

contours que les anciens ont imprimés sur les ruines majestueuses de leur génie , pour peu néanmoins que les formes des
signes représentatifs n'aient pas varié chez nous; car on ne
pourrait plus reconnaître si le sujet que l'on retrace est une
action présente ou passée. Voilà la route à suivre pour éviter
les inconvenances; nous nous sommes répété dans ce chapitre:
on nous le pardonnera en faveur de l'utilité.

De la manière de flatter les yeux.

Ainsi que dans la poésie le comble de la perfection est dans
l'harmonie des vers, de même dans la langue de l'architecture
le dernier point où l'on puisse parvenir réside dans le grand
art de flatter les yeux par les contours des caractères, dont la
symétrie ravit le spectateur. Pour parvenir à ce point difficile,
il faut connaître parfaitement toutes les parties de sa langue,
pour savoir remplacer des mots par leurs synonymes; mais il
ne faut pas non plus pour cette harmonie sacrifier son sujet,
car ce serait tomber dans un travers condamnable que d'abandonner la raison pour ce frivole plaisir.

De la Profusion.

La profusion, dans tous les arts, fut toujours regardée
comme un défaut. Dans la musique, la grande quantité de
notes, d'accords divers, étourdit: elle nuit à son caractère;
dans la poésie de l'architecture, la profusion accable. Un des
grands et des sublimes secrets de l'art, consiste à savoir répartir
ses richesses de manière à opérer des transitions ou des ombres,
en laissant des espaces qu'on appelle champs, afin que les
yeux puissent se reposer. Contemplez dans les monumens des
Égyptiens, des Grecs et des Romains, les sublimes manœuvres
de leurs créateurs; n'attendez pas à trouver dans les premiers
le luxe et les effets séduisans d'une harmonie étudiée ; raison-

nemens et mouvemens, voilà leurs armes victorieuses. Trop grands pour s'occuper à parer leur pensée, ils ne songent qu'à la porter toute entière au fond de votre cœur. Si les derniers laissent trop apercevoir les manœuvres de l'art, votre étude en sera mieux éclairée et plus facile; s'ils semblent avoir porté jusqu'à l'excès le soin de flatter les yeux par la forme gracieuse des caractères et par la répartition des ombres; s'ils abusent quelquefois des richesses de la langue et les répandent d'une main trop libérale, sachez pardonner à l'opulence un peu de prodigalité; car ce ne sont point là des préceptes qui corrompent, et le sort n'a pas permis à tous les hommes de connaître ces superflus de la grandeur; ne cherchez point à fixer entre eux votre choix (1): chérissez-les également, et, en combinant les qualités qui les distinguent, vous aurez l'idée de la poésie de l'architecture, au plus haut point où elle puisse jamais parvenir.

Des Causes principales de la perte de la Langue.

Nous ne devons pas trouver surprenant que notre langue soit presqu'entièrement perdu de nos jours : les événemens qui causèrent la ruine de l'empire romain perdirent tous les arts, et la littérature architectonique dut nécessairement éprouver le sort commun. Rome, après avoir été long-temps la maîtresse du monde, éprouva le destin de tous les peuples; du plus haut degré de splendeur elle tomba, pour ainsi dire, dans le néant.

---

(1) Le choix est assez difficile à faire entre les Egyptiens et les Grecs. Si d'un côté ces derniers ont fait quelques pas de plus vers la perfection, rarement se sont-ils rapprochés des sublimes beautés des premiers. Chez les uns, c'est la pensée toute nue; chez les autres, c'est la pensée ornée par l'imagination. Les centaures nous plairont toujours davantage que les figures formées par le corps de l'homme et la tête du cheval; mais peut-être ces figures ne nous frapperont-elles pas autant, et ne graveront-elles pas aussi bien dans la mémoire le sens qu'elles renferment.

Les Barbares du Nord subjuguèrent la patrie des Césars; ils immolèrent à leur fureur la majeure partie de ses plus beaux monumens. Pendant douze siècles l'architecture demeura ensevelie dans les ténèbres, et, pour comble de malheurs, lorsqu'on songea à la faire reparaître sur l'horizon, cette profession, jadis si noble, était devenue l'apanage de la plus crasse ignorance; tous les beaux modèles étaient détruits. Où trouver des guides pour les nouveaux édifices? On fouilla dans les décombres des monumens de l'antiquité; on trouva des fragmens épars, conservés, par une sorte de miracle, par la main de la Providence, pour nous montrer sans doute le néant de nos œuvres. Ils charmèrent ceux qui les découvrirent par leur faire exquis. Tel est d'ailleurs l'effet des spectacles nouveaux sur l'homme. Ils furent copiés avec avidité et transportés dans tous les monumens, sans aucune considération à leur signification. La poésie destinée à célébrer les faits héroïques, fut transportée dans les palais des arts; et celle destinée à indiquer le temple de Vesta et ceux des fleuves, fut transportée aux arcs triomphaux; tout fut ainsi culbuté. Tels furent les premiers pas pour le rétablissement de l'architecture; telles furent aussi les erreurs qui devaient naître nécessairement de l'ignorance des premiers architectes, qui ne surent apprécier que le mécanisme de l'art, étant incapables d'en goûter l'esprit; tels sont encore de nos jours les travers que nous perpétuons, peut-être par la même cause, malgré les beaux modèles des sublimes architectes qui vinrent après la renaissance de notre art.

Des revers et des succès de la Langue.

C'est une étrange bizarrerie attachée à notre nature, que cette indolence qui nous endort au milieu des fastes du génie, et qui ne nous permet la faculté de nos sens que pour des spectacles frivoles! Pourquoi faut-il que les arts soient constamment en butte à l'ignorance et à l'inconstance capricieuse des hommes, et que très-peu de ceux qui les professent aient assez de courage pour oser résister à l'empire de la mode? L'ennemi le plus cruel attaché à la destruction de l'édifice sacré des arts, est, sans contredit, l'ignorance de ceux qui s'engagent dans leur profession : l'appas de la fortune en est l'unique moteur. Dès qu'un art est en faveur, que l'artiste y trouve le dédommagement de ses travaux, aussitôt une foule de gens, qui ne sont point nés pour le professer, et qui n'ont fait aucune étude préliminaire, se mettent sur les rangs pour obtenir de grands travaux, qui les conduisent à l'opulence. L'ignorant est naturellement effronté; par ses brigues, il parvient souvent à frustrer l'homme instruit des droits que lui méritaient ses talens. Malheur à l'artiste qui n'a pour lui que sa science! s'il ne sait pas intriguer, si le hasard ne lui donne pas des protecteurs zélés, sa vie s'écoulera dans les regrets de ne pouvoir, par de grands travaux, laisser son nom à la postérité. Mais pourquoi s'élever contre des injustices, cruelles il est vrai, mais qu'on ne peut empêcher? c'est la marche ordinaire, et rien ne peut y mettre un frein. Il paraît que, chez tous les peuples, les brigues ont toujours été couronnées au détriment du mérite; nous devons pourtant en excepter les Grecs, où les ouvrages des arts étaient accordés au jugement de la masse entière des citoyens. Nous ne devons donc pas nous étonner de rencontrer dans les ouvrages des Romains des édifices indignes de cette grande nation; car on en voit beaucoup qui sont couverts d'arabesques insignifiantes. Mais si les anciens ont fait des fautes, nous ne devons pas imiter leurs travers. Devons-nous suivre l'exemple de ces architectes qui copient inconsidérément le mauvais et le bon, et qui se justifient en disant : les anciens l'ont fait ainsi? Ont-ils donc oublié que les choses ne sont sublimes qu'autant qu'elles sont bien placées? Qu'ils apprennent dans les écrits célèbres du divin Vitruve, que les anciens ont basé tous leurs travaux sur la nature des choses, et qu'ils n'ont

approuvé que ce qu'ils pouvaient soutenir par des raisons certaines et véritables. Que gagnent les arts aux innovations et aux
bouleversemens? Ils ne doivent pas plaire par rapport aux organes: leur plus grand charme se rencontre quand ils attaquent
le cœur et l'imagination. Pourquoi donc abandonner des jouissances véritables, au triste plaisir de suivre une mode ridicule?
Puisque les dépenses sont les mêmes, pourquoi préférer le sen-
tier de l'ignorance? Jeunes architectes, qui brûlez du desir
glorieux de vous signaler, sachez écarter les exemples per-
nicieux qu'on rassemble chaque jour pour présenter à vos
regards ; entendez-vous cette voix formidable qui tonne contre
ces arabesques frivoles? C'est celle du patriarche de l'architecture. Suivez ses leçons salutaires; vos cendres seront séparées
de la poussière commune, et vos noms seront gravés, à côté de
ceux de nos prédécesseurs, qui ont suivi la véritable route, sur
les feuilles inaltérables du grand livre de la postérité.

Vous avez de nobles exemples à imiter; contemplez les architectes de François Ier. ; marchez sur leurs traces; remarquez
leurs efforts pour le rétablissement de notre langue; vous
apprendrez alors ce que peut sur le cœur de l'artiste les regards
protecteurs d'un monarque qui sait apprécier les arts. Sous son
règne, remarquable dans leurs fastes, l'art que nous professons
se ressent des progrès des lettres, tant il est vrai qu'ils sont tous
liés comme des frères, et qu'ils brillent ou se ternissent ensemble. On pourrait cependant reprocher aux architectes de
ce siècles quelques inconvenances; mais nous devons plus
d'indulgence à ceux qui firent le premier pas pour le rétablissement d'un art si difficile; nous savons d'ailleurs par expé-
rience qu'il est plus facile de reculer que d'avancer. Nous avons
un triste exemple de cette vérité, car après ce siècle les arts
retombèrent à-peu-près au même degré de dépérissement d'où
de grands hommes seuls eurent le privilége de les retirer de
nouveau.

Enfin la providence, du milieu des chaos, avait préparé une
époque où les arts devaient prendre un nouvel essor. On était
arrivé à ce siècle éternellement célèbre dans les fastes de l'architecture et des autres arts, qui devait égaler les beaux jours
de la Grèce et de Rome, et prendre place dans l'histoire à
côté des siècles d'Auguste et des Périclès. Déjà brillait l'aurore
de ce jour éclatant qui dissipa les ténèbres de l'ignorance et
de la barbarie. Bruaut, Blondel et Mansard dans l'architecture,
Corneille sur la scène, Bossuet dans la chaire, Patru dans le
barreau, Descartes dans les espaces de la philosophie, Condé
dans les champs de Rocroy, venaient d'ouvrir la lice où
devaient descendre tant de grands hommes, et faisaient admirer et respecter au loin ce nom français qu'allaient bientôt
illustrer tous les genres de gloire. Ce fut dans ce siècle, si
digne de le posséder, que l'immortel Claude Perrault se
montra tout-à-coup aux regards de la nation étonnée. Avec une
ame noble et généreuse, un cœur droit et un jugement solide,
il eut en partage un de ces génies rares, qui se développent
spontanément, et puisent en eux-mêmes toutes leurs ressources.
Dès ses premières années il fut destiné à la médecine; mais la
trempe de son caractère, la disposition de son esprit, cette voix
secrète qui se fait entendre à l'homme au commencement de
sa carrière, et qui décide souvent du reste de ses jours, appelaient Perrault à de plus hautes destinées; il sentit ce qu'il
était par lui-même; il devina ce qu'il pouvait devenir; et, sans
cet heureux pressentiment d'une ame privilégiée, Perrault
n'eût été peut-être qu'un citoyen vulgaire, et notre patrie allait
avoir un grand homme de moins.

Le destin avait désigné ces grands hommes, réunis à une
même époque, pour renouveler l'âge d'or véritable, et avait
réservé ces architectes illustres à devenir l'admiration de l'univers, en retirant l'architecture des ténèbres. Tel est l'ascendant
de ces génies créateurs, que le sort semble avoir destiné à

changer la face du globe. Entraînés par un penchant irrésistible, guidés par une invisible main, eux seuls ont le droit de franchir les limites où tant d'autres s'arrêtent ; ils s'ouvrent la route du génie ; ils s'élancent par un mouvement naturel hors du cercle ordinaire, trop étroit pour les contenir. Leurs soupçons sont des certitudes, leurs rêves, d'heureuses réalités, et le ciel, qui les inspire, se plaît à préparer dans leur sein la destinée des arts et la fortune des nations.

Pourquoi avons-nous à pleurer sur la tombe de ces grands hommes, leur perte et leur art qui meurt avec eux ? Comment, un siècle à peine aura suffi pour détruire leur saine doctrine, et leurs successeurs, avec leurs œuvres pour modèles, ne produiront que des frivolités ? Comment pourrions-nous admirer ces prototypes sublimes et choisir une route périlleuse ? Ah ! n'allons pas si loin chercher des guides trompeurs, quand nos ancêtres nous ont laissé des modèles inimitables ! Prosternons-nous devant ces œuvres du génie, et contemplons, aux pieds de ces monumens célèbres, les mânes illustres de leurs créateurs.

De la beauté de la langue.

Il n'existe rien de vraiment beau parmi nous que les œuvres de l'Éternel ; la langue de l'architecture renferme toutes ces beautés : elle est l'emblême admirable de la nature, dont tous les ressorts, qui forment son union, concourent à la former. Cette langue, que nous desirons faire sortir des ténèbres où la barbarie l'a plongée, est la plus riche de toutes les langues ; c'est elle qui prête aux langues vulgaires une sorte de charme ; elle a des expressions douces et formidables, riantes et mélancoliques, tendres et cruelles, voluptueuses et véhémentes. C'est la connaissance de cette langue qui fait le véritable architecte, et sans elle il n'existe point d'architecture. Si nos regards sont ravis en contemplant ses nobles caractères, images des œuvres du Créateur, combien notre ravissement augmenterait-il encore s'ils nous retraçaient toujours quelque grand souvenir, si le cœur avait ses jouissances et l'imagination ses plaisirs!... Pour bien nous pénétrer de la beauté que répand sur un monument la présence de la langue de l'architecture, figurons-nous auprès des édifices de nos aïeux : qui converse avec le spectateur et qui indique le motif qui leur a donné l'être? une masse (ou rassemblement) de pierres, couverte d'arabesques insignifiantes. Ce dernier pourra bien le captiver pendant quelques instans par la richesse ou le travail précieux de sa parure: c'est l'effet d'un riche habit sur l'homme; mais cherche-t-il à le questionner pour satisfaire sa curiosité? aussitôt il l'abandonne, parce qu'il reste muet à sa voix. Les architectes modernes avaient bien senti qu'un monument devait indiquer le motif qui lui avait donné naissance; pour remédier à un inconvénient ils en ont créé un autre. Pour parvenir à ce but, ils cherchèrent une manière de transmettre les traits historiques qui avaient occasionné l'érection du monument. La plus facile de toutes étant de se servir de leur langue, ils posèrent des inscriptions en caractères vulgaires, sans doute en s'appuyant des exemples semblables qu'on trouve dans l'histoire; mais, comme nous l'avons déjà dit, si les anciens ont fait des fautes, nous ne devons pas les imiter. Alors on posa à tout les monumens cette sorte d'inscription : *Voie triomphale, aux arts, aux sciences, au commerce,* etc., et tous ont aussi un aspect froid et mesquin. Cependant ils sont encore préférables aux édifices chargés de caractères insignifians; car si les yeux n'éprouvent plus de charmes, si l'imagination n'est pas satisfaite, le cœur du moins a-t-il ses jouissances. Le plus haut degré de tolérance ne pourrait fixer l'emploi des inscriptions en langue vulgaire, que dans les fêtes pour le peuple; encore décèlent-elles son ignorance. Puisque nous avons une langue universelle, pourquoi la dédaigner? Dans les arts il n'existe que deux degrés, le bon et le mauvais: si l'on veut bien faire, il faut s'instruire; si l'on veut

faire mal, il faut le faire, mais avec économie, et prendre de
deux maux le moindre : car il serait inutile de prodiguer les
mêmes sommes qui pourraient servir à élever des monumens
sublimes, faits pour honorer la nation, à construire des édifices
dignes à peine des siècles barbares, et qui déshonorent le nom
français chez la postérité. Sachons donc employer les mots de
notre langue. Si nous aimons la gloire, ou si nous recherchons
l'économie au détriment de la vénération, retranchons nos
caractères sublimes, et mettons en remplacement ceux des langues vulgaires; c'est en suivant cette route que nous apercevrons
toute l'étendue de nos travers; bientôt, convaincus de l'énor-
mité de nos erreurs, nous reviendrons à l'origine des arts, et la
beauté de notre littérature se décèlera à nos regards; nous gé-
mirons alors de l'ignorance dans laquelle nous étions.

De la durée de la Langue.

Le temps, ce grand destructeur des institutions humaines, ne
peut rien sur l'ordre de la nature. Les révolutions et les changemens divers, qui arrivent sur la face du globe, semblent être
produits par le Créateur, pour annoncer la supériorité de ses
institutions. Si nous pouvions nombrer la quantité de langues
qui ont existé sur les différens coins de la terre, combien nous
serions surpris! mais presque toutes sont enfouies dans l'obscurité
des temps, et il ne reste plus dans la mémoire des hommes
qu'un souvenir confus des plus récentes : encore quelques siècles,
elles seront perdues totalement. Si la langue merveilleuse de
l'architecte éprouva parfois le même sort; si l'ignorance la
plonge pendant quelques siècles dans les ténèbres, elle s'en
retire facilement; elle brille tout-à-coup d'un nouvel éclat:
son dictionnaire est immuable, comme nous nous en sommes
convaincus, puisqu'il est fixé sur la nature. L'agneau, dans
tous les temps, indiquera la douceur, parce qu'il sera toujours
doux; la couleuvre annoncera toujours l'ingratitude, parce

qu'elle sera toujours ingrate , et les lauriers couronneront toujours le vainqueur, parce qu'ils seront toujours verts. Nous pouvons donc avancer hardiment que la langue de l'architecture est une langue éternelle et universelle, qui ne perdra ses expressions que lorsque la nature retournera dans le chaos.

De l'utilité de la Langue.

D'après l'examen que nous venons de faire de la langue de l'architecture, son utilité est incontestable pour une grande nation, puisqu'elle résiste au bouleversement des empires. Les Chinois, les Égyptiens, les Grecs, les Romains, les Mexicains et les Péruviens même, étaient justement convaincus de cette grande vérité, et ils s'en servirent pour transmettre leurs pensées aux races futures. Qu'on ne croie pas que ces peuples se soient servi de nos caractères sans but utile ; ils ne les ont point admis pour le plaisir des yeux, comme quelques architectes le prétendent, et les animaux et les plantes, qui figuraient et figurent encore dans leurs monumens, n'y étaient point mis comme décoration : ils formaient des inscriptions. Ces peuples, justement avares de la peinture et de la sculpture, n'y eurent recours que pour faire parler leurs édifices, sachant qu'il était plus facile de parler à l'esprit par ces caractères que par le moyen de la typographie vulgaire ; d'ailleurs ils étaient les premiers connus, et ils l'emportaient sur les autres d'une manière trop prononcée, tant par la richesse qu'ils répandaient sur les édifices, que par l'esprit et cette expression invariable qui en fait un des charmes, pour qu'ils les eussent abandonné. Vitruve, sans beaucoup s'étendre sur l'utilité de ces caractères, en dit néanmoins assez quand il traite des connaissances nécessaires à un architecte. Le patriarche de l'architecture dit : *L'histoire lui fournit la matière de la plupart des ornemens d'architecture, dont il doit savoir se rendre raison.*

Pour bien sentir toute l'utilité de notre langue , considérons la quantité de monumens des Grecs dont nous eussions ignoré l'origine, si les traits brillans de leur imagination n'avaient parlé à l'esprit des historiens. Puisque nous découvrons cette utilité incontestable, et combien elle se rattache aux fastes des grandes nations, pourquoi serait-elle négligée parmi nous? Pourquoi admettrions-nous ses caractères dans nos édifices, si ce n'était pour retracer aux races les plus lointaines quelque grand événement de ce siècle de prodiges? Que signifie cette assemblage impie de toutes sortes de caractères, arrangés et entrelacés admirablement à la vérité, mais sans autre but que de faire briller la sculpture, et qui ne présente aux regards du spectateur savant qu'une imitation servile et une profusion dégoûtante de richesses, qui déshonorent à ses yeux le cerveau déréglé qui les introduisit dans nos monumens ?

Jeunes architectes, sachez apprécier toutes les beautés de la langue du Créateur; laissez à d'autres que vous le triste plaisir de critiquer ce qu'ils ne peuvent comprendre. Ils reprocheront sans doute à la poésie de l'architecture la monotonie de ses métaphores, et de revenir sans cesse sur les mêmes sentimens, les mêmes tours, les mêmes figures, sans penser que ces retours fréquens sur les mêmes idées et sur les mêmes expressions ont caractérisé chez tous les peuples les premiers âges de la poésie; que cette marche est conforme à la nature, qu'elle décèle un sentiment vif et profond, toujours réveillé par un objet unique, et que tous les grands écrivains l'ont employé dans les endroits véhémens et passionnés, sachant que c'est le trait distinctif des passions violentes de rappeler sans cesse ce qui sert à les entretenir.

Mais ces hardiesses accumulées, mais ces fréquentes suppressions d'idées intermédiaires, qui nous arrétent à chaque pas dans le style des architectes, eh! ne sait-on pas que ce sont là les caractères d'une véritable poésie, délivrée, par la vivacité de ses élans, des entraves du langage ordinaire! Pourquoi vou-

drait-on refuser à l'architecte une liberté qui lui est commune
avec tous les anciens lyriques, et qui doit être regardée comme
le premier privilège de l'enthousiasme et de l'inspiration?

Heureux ceux d'entre nous qui sauront apprécier le rare
mérite de notre langue, et qui ne rougiront point d'échauffer
leur génie à ce foyer de lumière et de flamme. Ce fut elle
qui prépara la gloire des Homère de l'architecture; et nos
émules du siècle de Louis ne lui durent-ils pas les plus beaux
fleurons de leurs couronnes architectoniques?

De l'emploi des langues vulgaires dans les monumens.

En formant le parallèle des monumens chargés d'inscriptions
en langues vulgaires et de ceux où les caractères de la langue
primitive indiquent à l'esprit le motif qui a donné lieu à l'érection du monument, nous nous sommes convaincus de la supériorité des derniers, puisqu'ils attaquent à-la-fois le cœur et
l'imagination. Il n'en est pas moins vrai que l'on peut tolérer
les caractères de ces langues dans les édifices, puisque les
langues vulgaires appartiennent à la langue de l'architecture,
et qu'elles servent à indiquer, par leurs différences, les nations
qui ont édifié.

Les langues vulgaires peuvent donc être employées dans les
monumens : le premier usage qu'on peut en faire se réduit à
retracer les noms propres des citoyens et des villes; on peut
aussi en former des inscriptions qui répètent la pensée déjà re-
tracée par les caractères de la langue primitive; mais on doit
en être très-avare.

Il faut que la langue employée à former ces inscriptions soit
celle de la nation qui élève l'édifice.

6

Preuves puisées chez les anciens, que le génie en architecture consiste dans la pensée de l'édifice, qui doit renfermer un trait brillant de l'imagination.

Nous avons dit précédemment que le génie en architecture résidait dans la pensée de l'édifice, et que cette pensée devait se manifester aux regards du spectateur, à l'aspect du monument, par sa forme extérieure ; que les caractères ou inscriptions de la langue devaient aussi annoncer le but de l'édifice, et que la disposition intérieure, ainsi que les caractères qui y sont admis, devaient encore indiquer le même sujet. Nous avons développé les parties de cette langue, nous avons prouvé son utilité : nous allons maintenant nous appuyer des monumens des anciens.

Si nous remontions à l'époque la plus reculée dans les fastes du monde, nul doute que les œuvres des premiers architectes nous décelassent déjà l'idée des allusions. Arrêtons-nous sur la terre des Égyptiens, à l'époque où les arts étaient poussés à un certain degré de perfection ; contemplons les restes gigantesques de cette nation ; nous nous convaincrons que ce peuple connaissait la langue de l'architecture ; tous leurs monumens n'étaient-ils pas couverts de ces caractères ? Étaient-ils admis pour *plaire aux yeux*, ou pour former des inscriptions ? Cette question est résolue par Rollin, quand il dit : « Un obélisque est un monument chargé d'inscriptions ou d'hyérogliphes ». Nous savons, en outre, que c'était l'unique moyen dont les Égyptiens pouvaient se servir pour conserver leurs pensées ; nous sommes donc convaincus déjà que ces caractères étaient significatifs chez ce peuple, et qu'il n'entrait pas dans leurs desseins d'en faire un objet de décoration.

Considérons aussi, et découvrons si dans la construction de leurs monumens ils ne cherchèrent point à y renfermer une pensée qui indiquât la destination de l'édifice. Ces fameuses

pyramides, restes superbes, noircies par tant de siècles, et
témoins incontestables de la grandeur de ce peuple, ne sont-
elles pas l'imitation des montagnes, dans les cavernes desquelles
les premiers hommes étaient dans l'usage de conserver la dé-
pouille mortelle de humains ? (1)

Les quatre côtés de ces pyramides, selon M. De Chazelle,
sont exposés aux quatre régions du monde. Dans cette position, ne découvre-t-on pas encore un trait brillant de l'imagination? Ces tombeaux n'étaient-ils pas situés ainsi, pour
annoncer que tous les peuples de l'univers devaient franchir les
limites de la vie pour aller résider dans l'empire des ombres, et
qu'ils étaient tous les tributs des sépulcres.

Comme il ne peut entrer dans le plan de cet ouvrage de
contenir plusieurs monumens de la même nation, transportons-
nous sous le beau climat de la Grèce, pour jouir plus complète-
ment du spectacle imposant qui va se déployer à nos regards;
remontons en idée à l'époque où la terre de Platon et de Périclès
n'était encore habitée que par des hordes sauvages, ou des
colonies errantes de quelques peuples lointains.

Nous verrons déjà, dans ces temps reculés, l'aurore des siècles
brillans qui leur succédèrent. Les rayons, dispersés dans l'É-
gypte, dans l'Inde, l'Arabie et les autres contrées de l'Orient,
viennent se réunir dans la Grèce comme dans un foyer commun. Elle recueille leurs arts, leur philosophie, leurs opinions religieuses. Éclairés par un sentiment exquis, guidés par
une sorte d'instinct, ces peuples font un heureux choix dans
cet assemblage de connaissances diverses. De ces matériaux
informes, ils élèvent un édifice élégant et régulier; ils embellissent tout des couleurs de leur génie; ils semblent créer

---

(1) Les Pyramides d'Egypte, au rapport de Strabon, liv. 17, sont des
tombeaux. On voyait dans la plus haute un sépulcre formé d'une seule
pierre, ayant trois pieds de hauteur et de largeur sur six pieds de long.

lors même qu'ils ne sont qu'imitateurs; et tandis qu'une lumière vive et pure éclaire ces heureux climats, le reste de l'Europe est plongé dans l'ignorance et la barbarie. Là, des architectes et des poètes, entourés de riantes et sublimes fictions; des orateurs, qui réunissent à tous les dons de la nature toutes les finesses de l'art; des philosophes, dont les écrits sont à-la-fois des prodiges d'éloquence et de sagesse, entraînés, pour ainsi dire, vers le beau par une impulsion générale, atteignent en même temps aux limites de la perfection dans tous les arts et dans la langue la plus riche et la plus harmonieuse que les hommes aient jamais parlé.

Nous avons fait remarquer un monument égyptien où nous avons rencontré des pensées ingénieuses: nous allons présenter maintenant un édifice des Grecs, dans lequel l'esprit de ce peuple se décèle. Il existait à Athènes un monument connu sous le nom de la *Tour des vents*, chef-d'œuvre d'Andronic Cyrrhestes. Cette tour, au rapport de Vitruve, était bâtie de marbre; elle était de figure octogone, pour représenter les huit vents des Grecs (1). A chaque face, cet architecte avait représenté l'image d'un des vents, à l'opposite du lieu d'où ils partent. Au sommet de la tour, qui finissait en pyramide, il avait posé un triton d'airain, qui tenait en sa main un baguette. Cette machine était ajustée de manière que le triton tournait et se tenait toujours opposé au vent qui soufflait, et l'indiquait avec sa baguette. *Septentrio* était représenté sous la figure d'un vieillard enveloppé dans son manteau. *Solanus* était représenté sous la figure d'un jeune homme nu qui ramassait des fleurs, pour annoncer que ce vent les faisait éclore.

---

(1) Les Grecs, ainsi que les Égyptiens, ne comptaient que quatre vents; mais ceux qui recherchèrent davantage, comme Andronic Cyrrhestes, en trouvèrent huit; les premiers étaient *Septentrio, Savonius, Solanus, Auster* et les derniers *Eurus, Africus, Corus* et *Aquilo.*

Nous ne nous efforcerons point de faire ressortir toutes·les beautés qui faisaient le charme de ce monument: le génie sublime qu'il renfermait se décèle de lui-même.

Cependant ailleurs s'est élevée, sur les ruines du monde, une fière nation, devant laquelle on ne sait plus que fléchir et trembler. D'abord, assemblage rustique de laboureurs et de soldats : un courage altier et féroce, une superbe et jalouse indépendance, ont fait le caractère de ses citoyens; bientôt, enrichie des dépouilles de l'univers, enivrée de succès et de triomphes, éclairée et ennoblie par les grands hommes qu'elle a portés dans son sein, elle veut ajouter à la gloire des armes une gloire plus douce et moins périlleuse. Avec le luxe et la mollesse des peuples vaincus, elle adopte à-la-fois leurs arts et leur industrie; elle emprunte à la Grèce ses lois justement célèbres, ses fables enchanteresses et les chefs-d'œuvres de ses architectes immortels. Enfin brille le siècle d'Auguste, ce véritable âge d'or de l'architecture : Rome devient la métropole du monde savant, et le sceptre du génie, des mains des Dinocrates, des Andronic Cyrrhestes, des Phidias, des Homère, des Pindare et des Démosthène, passe dans celles des Mutius, des Vitruve, des Virgile, des Horace et des Cicéron.

Comme il ne peut entrer dans nos vues de donner les descriptions des monumens que Rome vit élever depuis sa fondation jusqu'à l'époque de la décadence de cet empire, nous ne ferons remarquer qu'un seul édifice de cette nation, c'est le *Temple de la Vertu et de l'Honneur*, bâti par Marcellus.

Le célèbre architecte Mutius, en donnant les plans de ce temple, chercha, à l'imitation de ses prédécesseurs, à renfermer dans ce monument une grande pensée. Pour cela, il forma deux temples : le premier était le temple de la Vertu, qui communiquait au temple de l'Honneur, pour annoncer qu'on ne pouvait prétendre à être honoré en s'écartant des devoirs sacrés de la vertu. Ce temple n'avait qu'une seule entrée; ainsi qu'on avait passé dans le temple de la Vertu pour pénétrer au temple de l'Honneur, pour sortir de ce dernier il fallait repasser par le premier, pour annoncer que lorsqu'on était parvenu aux honneurs, il fallait encore acquérir de nouvelles vertus. Ces nobles et sublimes fictions nous décèlent la grandeur du génie de l'architecte; elles seules ont suffi pour l'immortaliser.

Avant de passer à l'examen de l'architecture gothique, il nous semble que l'opinion de Vitruve, sur la pensée que les édifices doivent renfermer, ne sera pas inutile pour nous persuader davantage que nous devons chercher à imprimer à nos monumens ce caractère de grandeur.

Le célèbre Vitruve s'écrie dans son chapitre de l'*OEconomia :* « L'*OEconomia*, dit-il, est ce qui fait que l'aspect de l'édifice » est tellement correct, qu'il n'a rien qui ne soit *approuvé et* » *fondé sur quelque autorité.* Pour cela, il faut avoir égard à » l'état des choses, qui est appelé en grec *Thematismos*, à » l'usage et à la nature. Par exemple, si on a égard à l'état des » choses, on ne fera pas de toits aux temples de Jupiter » tonnant ni à celui du Ciel, du Soleil, de la Lune; ils seront » découverts, parce que ces divinités se font connaître en plein » jour et par toute l'étendue de la terre ».

Vitruve ne demande-t-il pas que chaque édifice renferme une pensée?

Tout change sur la face du globe; le temps détruit l'édifice; c'est la marche de la nature et des institutions humaines. Après les siècles éclairés viennent les siècles barbares : les arts éprouvent le sort des empires; ils ne brillent qu'un instant, ainsi que le feu qui sillonne la nue. Après la chute de l'empire romain, l'architecture éprouva le véritable coup de la mort. Nous avons vu déjà que la superbe Rome fut subjuguée par les Hunts, les Vandales, les Goths et autres peuples sortis du Nord. Ils saccagèrent cette antique maîtresse du monde, et immolèrent à leur

fureur les plus précieux monumens de l'Italie : on eut dit
que dans leur rage ils eussent voulu anéantir jusqu'au moindre
vestige de la grandeur romaine. Peu de temps après, l'architecture que nous nommons gothique remplaça l'architecture
grecque. Ce ne sont plus ces brillantes et sublimes proportions
que l'homme seul, entre tous les êtres, pouvait offrir; mais elle
n'en a pas moins de grandes beautés, puisqu'elle est l'imitation
d'une partie de la nature. Arrêtons nos regards sur cette dernière, et nous y trouverons le type caractéristique des mœurs,
des habitudes et de la religion de ses créateurs.

M. F.-A. Châtaubriant ayant traité de cette architecture,
dans son *Génie du Christianisme,* nous allons rapporter ce qu'il
dit à ce sujet :

« Les forêts des Gaules ont passé à leur tour dans les temples
» de nos pères, et ces fameux bois de chênes ont ainsi maintenu
» leur origine sacrée. Ces voûtes ciselées en feuillages, ces
» jambages qui appuient les murs et finissent brusquement
» comme des troncs brisés; la fraîcheur des voûtes, les ténèbres
» du sanctuaire, les ailes obscures, les chapelles comme des
» grottes, les passages secrets, les portes abaissées, tout retrace
» les labyrinthes des bois dans l'église gothique, tout en fait
» sentir la religieuse horreur, les mystères et la divinité. La
» tour, ou les deux tours hautaines, plantées à l'entrée de l'édi-
» fice, surmontent les ormes et les ifs du cimetière, et font
» l'effet le plus pittoresque sur l'azur du ciel. Tantôt le jour
» naissant illumine leurs têtes jumelles, tantôt elles paraissent
» couronnées d'un chapiteau de nuages, ou grossies dans une
» atmosphère vaporeuse. Les oiseaux eux-mêmes semblent s'y
» méprendre et les adopter pour les arbres de leurs forêts : de
» petites corneilles noires voltigent autour de leurs faîtes et se
» perchent sur leurs galeries. Tout-à-coup des rumeurs con-
» fuses en chassent les oiseaux effrayés. L'architecte chrétien,
» non content de bâtir des forêts, a voulu, pour ainsi dire, en

» conserver les murmures, et, au moyen de l'orgue et du
» bronze suspendu, il a attaché au temple gothique jusqu'au
» bruit des vents et des tonnerres qui roulent dans la profondeur
» des bois; les siècles, évoqués par ces bruits religieux, font
» sortir leurs antiques voix du sein des pierres et soupirent
» dans tous les coins de la vaste basilique. Le sanctuaire mugit
» comme l'antre de l'ancienne sybille, et, tandis que d'énormes
» airains se balancent avec fracas sur votre tête, les souterrains
» voûtés de la mort se taisent profondément sous vos pas ».

Ce n'était point assez, pour ces architectes, de retracer dans
leurs édifices les forêts entières, les troncs brisés par la fureur
des vents, les feuillages des ormes et des chênes qui élèvent
leurs cîmes majestueuses dans la nue, et qui dominent la
vallée; ce n'était point assez encore d'imiter jusqu'aux murmures des vents courroucés et le fracas de la foudre, il fallait
aussi donner à ces temples une forme symbolique qui annonçât
la demeure du Dieu des Chrétiens, et ces architectes les symbo-
lisèrent par la forme de la croix.

Nous aurions pu parler d'un grand nombre d'édifices qui renferment de grandes pensées, et qui décèlent la sublimité des
architectes de l'antiquité; mais c'est dans le dépôt sacré de
l'histoire que l'artiste jaloux de s'immortaliser doit aller puiser
les vrais trésors de l'art; c'est en contemplant ces merveilles
de conceptions qu'une lumière éclatante brillera à ses regards,
et qu'il percera à sa faveur les épaisses ténèbres qui l'environ-
naient. En nous étendant trop, nous aurions pu manquer le but
que nous nous proposons, en forçant les jeunes architectes qui
se destinent à perpétuer leur art, à voler méditer sur les ouvrages de tant d'hommes célèbres. Comment pourrions-nous
détailler ici toutes les beautés qui brillent dans ces monumens
immortels? Comment la langue pourrait-elle exprimer toutes
celles que le sentiment y découvre, mais qu'il n'appartient qu'à
lui de reconnaître et d'apprécier?

Nous avons fait remarquer des monumens des anciens qui sont conformes au génie de l'architecture, c'est-à-dire qu'ils renferment des pensées et forment des poëmes dont l'enveloppe extérieure seulement indique déjà le motif pour lequel ils ont été érigés. Arrêtons nos regards sur les monumens célèbres des architectes français; et, si dans tous nous ne retrouvons pas le génie entier des anciens, nous apercevons du moins les efforts de leurs créateurs pour le rétablissement de la langue de l'architecture. C'est en admirant ces chefs-d'œuvres, que nous nous sommes convaincus du but que les anciens avaient eu en élevant leurs édifices.

La fontaine des Innocens, du ciseau du célèbre J. Goujon, ne servit pas peu à nous fortifier dans les grands principes que l'étude des anciens nous avait gravé dans la mémoire. Quel est l'artiste, ou le mortel même, assez peu favorisé de la nature pour ne pas s'extasier à la vue de ce miracle de l'art? En est-il un aussi qui puisse contempler la poésie qui décore ce chef-d'œuvre, sans être ravi et transporté, comme par enchantement, dans le domaine de Neptune.? Ces nymphes des fontaines, ces bas-reliefs, qui ont pris naissance dans l'origine de l'édifice; cette frise, décorée de plantes aquatiques et de coquillages; cette clef de l'arcade, qui a pour hiéroglyphe le trident de Neptune, entrelacé par un dauphin; tout ne retrace-t-il pas le vaste empire du dieu des ondes? Viendra-t-on nous dire que c'est le hasard qui a conduit cette poésie à la décoration de cette fontaine? que le sublime génie qui la créa n'avait aucune idée de la sensation qu'elle aurait produit?

Ah! gardons-nous de prononcer un blasphême aussi horrible! Prosternons-nous au pied de ce monument superbe, et contemplons là les mânes immortelles de son divin créateur!

Arrêtons un instant nos regards sur l'observatoire de Perrault. Le peu de caractères qui lui servent d'ornement nous indiqueront encore le motif qui a donné lieu à son érection. Ce sont des

roses des vents, des compas, des télescopes et autres instrumens destinés à l'observation des astres. Pourrons-nous nous
empêcher de nous écrier: Voilà la poésie de l'architecture!

Saluons encore, avec un saint respect, cette fameuse porte
Saint-Denis de François Blondel. Quelle masse imposante!
quelle simplicité noble et touchante! et pourtant de quelle
verve poétique son créateur est animé, pour perpétuer de si
grands souvenirs!

Contemplons encore la demeure des vétérans de la gloire.
En entrant dans cet asile du courage malheureux, ces glacis,
ces fossés, ces canons, tout ne vous fera-t-il pas éprouver cette
sensation qu'on ressent à l'approche d'un camp? Contemplez-
vous l'édifice? ces vertus guerrières, qui décorent la principale
entrée; ces persiques, placées sur les ailes, ne vous retracent-
elles pas les triomphes? Examinez-vous le comble? ces fenêtres
formées de guerriers cuirassés, ces bombes enflammées, ne
vous donneront-elles pas des idées héroïques? Pénétrez-vous
dans la cour? vous remarquez encore des fenêtres formées des
dépouilles des vaincus, et les combats symbolisés par ces cour-
siers qui couronnent ces avant-corps. Jetez vos regards sur
l'église, ce sont des idées guerrières que le génie a su marier
aux idées religieuses; c'est à-la-fois le temple du dieu des armées
et du dieu de l'évangile. Pénétrez-vous dans les réfectoires? ce
sont encore des sujets analogues à la destination de l'édifice: la
peinture a apporté son tribut à l'architecture; elle est venue
compléter le grand œuvre du génie réuni de Libéral Bruant et
de Jules Hardouin Mansard, et elle a imprimé dans l'intérieur
du monument les grands événemens militaires du siècle de
Louis. C'est le seul édifice qui renferme, outre la poésie, une
grande pensée, ainsi que monsieur de Châteaubriant le fait
remarquer. « C'est une grande pensée, dit-il, d'avoir placé
» l'église derrière tous les bâtimens, comme l'image du repos
» et de l'espérance, au milieu d'une vie pleine de troubles et de
» périls ».

(5r)

Jeunes architectes, pourriez-vous être insensibles à toutes les
beautés qui brillent dans les ouvrages de tant de grands
hommes, et que vous distinguerez facilement par l'observation !
Est-il un spectacle plus digne d'attirer votre attention, que
celui que présente le rapprochement des conceptions de tant
d'hommes célèbres ! Ne croiriez-vous pas les voir eux - mêmes
s'avancer du milieu de la nuit des siècles, pour proposer à votre
admiration les fruits merveilleux de leur génie ? Sublimité de
sentimens, grandeur de pensées, magnificence d'images, tous
les trésors d'une poésie divine paraissent sur leurs édifices. Ils se
ressemblent tous comme une famille de frères, et cependant
chacun a son caractère et ses beautés différentes, et sont partout de nouveaux modèles à suivre et de nouveaux exemples à
méditer.

*Des symboles ou des pensées que renferment les ordres d'ar-
chitectures grecs et romains.*

En méditant la formation des ordres grecs et romains, nous
nous convaincrons aussi que les anciens ont toujours cherché à
renfermer des pensées dans toutes les parties des édifices ; et ces
rayons de lumière nous deviendront d'une grande utilité pour
amener sur la scène l'ordre français. Le premier ordre, nous
dit Vitruve, est celui que nous nommons dorique. Il prend son
nom de Dorus, roi d'Achaïe, qui le fit employer, pour la première fois, au temple de Junon, dans Argos. Cet ordre fut
créé à l'imitation d'un tronc d'arbre (1), sur les proportions de

______

(1) Tous les cultes ont pris naissance dans les forêts. Ainsi que les Goths
ont imité les forêts dans leurs temples, les Grecs pareillement avaient cherché à conserver une sorte de type des lieux où ils adoraient leurs dieux.
Ce fut dans les bois sacrés que les premiers temples furent érigés. Nous
savons tous qu'il était expressément défendu d'enlever les arbres de ces bois.
En construisant un édifice, on en déracina un grand nombre : ces arbres

l'homme. Ne découvrirait-on pas une allusion? Cet ordre, employé aux temples, n'annonçait-il pas que les hommes, dont il était l'image, auraient défendu l'édifice sacré de leurs dieux? Quand il fut employé aux basiliques (lieux destinés à rendre la justice), n'annonçait-il pas aussi que la justice se rendait par l'organe des hommes, et qu'elle était instituée pour le bonheur des peuples qui la défendaient? Si nous fouillons dans les ruines, si nous pénétrons dans les entrailles de ces villes de la grande Grèce, jadis si florissantes, entr'autres dans celles de l'antique Posidonia, nous ne découvrirons cet ordre qu'aux temples et aux basiliques.

L'ordre ionique, second ordre, prend son nom du chef des treize colonies envoyées en Asie mineure, du consentement de l'oracle d'Apollon. Celui-ci fut formé sur les proportions d'une jeune femme. Il fut employé, pour la première fois, au temple de Diane à Ephèse. N'était-ce pas pour faire allusion au culte de cette déesse?

L'ordre corinthien est le troisième ordre des Grecs; il fut créé à l'imitation et sur les proportions d'une jeune fille. Il était particulièrement consacré au culte de Vesta, ainsi qu'on peut s'en convaincre par la lampe qui est posée sur l'abaque du chapiteau qui symbolise le feu sacré. Des lieux qu'il était destiné à caractériser et de l'image qu'il représentait, ils conservèrent une sorte de type; c'est par cette raison que le premier fut nommé ordre viril, représentant les formes mâles de l'homme; le second, ordre féminin, représentant les grâces naïves et délicates d'une jeune femme, et le troisème fut nommé virginale, représentant les formes élégantes et sveltes d'une jeune vierge. Ce dernier fut orné davantage que les autres, parce que

---

furent rassemblés autour du temple, où ils furent coupés d'après les proportions de l'homme, et ils les représentèrent entourant le temple de leur dieu.

e'est ordinairement au sortir de l'adolescence que l'on met de la recherche dans sa parure. Tous ces ordres qui, dans leur origine, étaient symboliques, et qui ne furent créés que pour symboliser les monumens, perdirent leurs expressions étant transportés dans des lieux qu'ils ne pouvaient plus symboliser : effet produit par l'ignorance qui succède aux siècles éclairés.

Les ordres cariate et persique sont aussi, comme les autres ordres, des symboles. Ils furent créés par les Grecs pour perpétuer la mémoire de leurs victoires sur les Caréens et les Perses. Ainsi que nous l'apprend Vitruve, cette représentation humaine, telle humiliante qu'elle soit, n'en peint pas moins d'une manière irréfragable l'homme réduit à la servitude.

L'ordre composite romain n'est-il pas encore symbolique ? Serlio nous apprend qu'il fut créé de deux des ordres grecs, pour annoncer que les Romains avaient subjugué les peuples inventeurs des ordres.

Il n'est pas besoin de subtilité pour faire apercevoir la pensée des anciens. Tout nous décèle chez eux, d'une manière trop prononcée, le goût des allusions, pour en douter un seul instant. Il suffirait, pour se convaincre de cette vérité, d'ouvrir les annales de leur poésie. Comment pourrions-nous présumer, d'après cela, que les ordres grecs ne renfermassent pas des allusions, puisque ceux des Egyptiens, qui en donnèrent l'idée, étaient formés de symboles, et que les ordres cariate et persique ne furent qu'une imitation un peu plus prononcée ? Quelle aurait été la pensée de l'architecte, en changeant la feuille d'acanthe de l'ordre corinthien, dont les contours sont si gracieux et si nobles, contre des petites feuilles pointues de laurier et d'olivier ? Etait-ce pour courir après la variété, ou pour célébrer le triomphateur ou le pacificateur ?

L'histoire nous apprend que le chapiteau corinthien fut formé par des feuilles d'acanthe sauvage : on sait que cette plante est épineuse ; n'était-ce pas un symbole de la virginité, ou

bien encore une allusion à la fécondité de la terre ? car personne n'ignore avec quelle rapidité s'opère la végétation de
cette plante.

Considérons encore les moulures, et d'après cela nous pourrons
conclure hardiment que tous les ordres d'architecture ont été
inventés pour caractériser les monumens, et qu'ils sont tous
symboliques.

Les caractères poétiques, taillés sur les moulures, devaient
nécessairement renfermer la même idée que l'ordre proprement
dit. L'abus que l'ignorance en a fait, joint au défaut de do-
cumens des anciens, nous jettent dans un labyrinthe dont
nous aurons quelque peine à nous dégager ; il est même des
caractères dont nous ne pouvons plus trouver la signification ;
mais en remontant à l'étymologie de leurs noms, celles qui nous
semblent les plus insignifiantes, nous décèleront encore l'idée
des allusions et des symboles. Dans ce nombre se trouvent les
oves. Par la langue italienne, ne pourrait-on pas dissiper l'obscurité qui cache leur sens? ces caractères sont connus des Ita-
liens sous le nom *d'ovolo*, qui signifie œuf. Ne découvrirait-on
pas un signe d'abondance? en effet, c'est l'œuf d'Orphée, dont
le poète philosophe se servait pour annoncer cette force intérieure, ce principe de fécondité de toute la terre. Les Egyptiens
et les Phéniciens avaient adopté le même symbole, mais avec
quelques changemens. Les Grecs respectaient trop Orphée pour
négliger une de ses idées principales, et même ils assignèrent
à la terre la forme ovale. Les oves séparés des dards annon-
çaient que les victoires de ces peuples leur procuraient l'abondance. (1)

Les moulures qui sont couvertes de feuilles d'eau n'auraient-

---

(1) Les Grecs , à l'imitation des Egyptiens , faisaient des esclaves , qui
étaient employés aux travaux de la terre, ce qui leur procurait l'abondance,
et le partage des dépouilles des vaincus l'augmentait.

elles pas été employées aux temples destinés au culte des fleuves? C'est ainsi qu'une fidèle observation nous ramènera toujours vers le même principe, et que nous trouverons empreintes ces grandes vérités, que tous les caractères dont la peinture et la sculpture viennent enrichir les monumens, doivent être symboliques, mais qu'il n'appartient qu'aux architectes sublimes de savoir les rassembler pour les faire parler à l'esprit. Ce qui doit étonner les savans, et ce qui étonnera réellement les races futures, c'est l'insouciance de la généralité des architectes pour la restauration du génie et de la littérature architectonique. Quelle époque plus favorable aurait pu y donner lieu, que les événemens incroyables des derniers temps! mais nos têtes sont trop froides : l'amour de la patrie, qui embrâsa de sa torche sacrée le cœur de nos prédécesseurs, ne se fait pas sentir assez vivement dans les nôtres; nous préférons la richesse à la palme de la gloire; la cupidité éteint notre génie, et ils n'existent plus pour nous ces flambeaux célestes à l'approche desquels les Jean Goujon, les Bruant, les Blondel, les Mansard et les Perrault se sentirent saisis d'une sorte d'inspiration; aussi n'aperçoit-on dans nos œuvres qu'une routine servile, qui déshonore un si beau siècle, et non la trace de ce génie créateur qui se décèle à chaque pas dans les édifices immortels des régénérateurs de l'architecture, de ces vigoureux athlètes, et de ces formidables défenseurs de sa divine poésie.

DE L'ORDRE HÉROÏQUE FRANÇAIS.

Les plus célèbres architectes des siècles précédens, particulièrement ceux du règne de Louis-le-Grand, essayèrent, d'après le desir que ce prince avait manifesté d'avoir un ordre français, de faire des compositions qui eussent mérité son assentiment. Tous les artistes furent invités à tenter cette découverte. Leurs efforts furent infructueux, car François Blondel nous apprend que d'un million de dessins différens qui furent envoyés tant de l'étranger que du royaume, aucun ne fut accepté. L'immortel Claude Perrault, cet homme extraordinaire, fut celui qui réussit le mieux ; et si ses détracteurs avaient été arrêtés par le développement des bases solides, sur lesquelles son ordre était élevé ; et s'il avait posé en avant la formation des ordres des anciens, et ce qui constitue un ordre d'architecture, les préjugés auraient été détruits, et Perrault une seconde fois aurait remporté la palme sur tous les architectes de l'univers. Après le peu de succès d'un homme aussi justement célèbre, on peut paraître présomptueux d'oser entrer de nouveau dans la lice ; aussi c'est en tremblant que nous venons présenter notre ORDRE HÉROIQUE FRANÇAIS. Mais peut-être que le sort nous aura bien servi, et qu'en nous conduisant, pour célébrer un Héros véritable, à nous emparer de ses armes et de ses conceptions, il aura préparé la réussite de notre entreprise.

La providence réservait à Napoléon-le-Grand de surpasser par sa valeur la gloire des César, des Auguste et des Trajan. C'est à l'admiration que ses vertus militaires et ses pompeux triomphes nous ont inspiré, que nous sommes redevables de notre ordre, bien faible, sans doute, pour le puissant monarque que nous avons intention de préconiser.

C'est en imitant la nature que les Ioniens découvrirent leur ordre ; c'est en l'étudiant, c'est en se pénétrant de ses rares beautés que l'immortel Callimachus créa son ordre corinthien. Voulant créer un ordre français, nous avons dû nécessairement suivre la même route qu'eux : nous avons choisi, pour former notre chapiteau, un schakos, coiffure que S. M. a adopté pour ses guerriers. Nous nous sommes cru autorisé à faire ce choix d'après l'opinion même des premiers inventeurs des ordres : nous rapporterons à ce sujet que les Ioniens, ayant élevé leur ordre à l'image d'une jeune femme, formèrent leur chapiteau à l'imitation de la coiffure des dames de ce temps. Notre chapiteau à quatre faces semblables; il a quatre visières très-peu saillantes, sur lesquelles reposent des aigles, symbole de la victoire; ces aigles tiennent des foudres dans leurs serres, symbole de la toute puissance; au-dessus de la tête de l'aigle est la cocarde et le pompon du schakos, qui remplacent la lampe de l'ordre corinthien; au milieu de la cocarde est l'étoile, symbole de l'immortalité et l'hiéroglyphe de Napoléon. La partie supérieure du schakos est couronnée de feuilles de laurier, symbole de la valeur.

Du Fût.

Le fût de la colonne est formé par un faisceau de lances; nous croyons inutile de rappeler que cette arme a été introduite en France par Sa Majesté. Le même fût pourrait être employé lisse, puisque le fût de tous les ordres est une représentation humaine; il pourrait être de même employé avec les cannelures des Grecs, puisqu'elles sont l'imitation des vêtemens. Il serait très-bien de cette manière à un temple de la Paix.

De la Base.

La base est la même que celle que nous nommons attique; les deux tores reçoivent le ministère de la sculpture : le premier est orné de feuilles de laurier, et le second de feuilles de chêne.

De l'Entablement.

L'architrave a une plate-bande; elle est couronnée par un filet et un quart de rond : cette dernière moulure reçoit des feuilles d'amaranthe, fleur qui se trouve au temple de l'Immortalité. Nous avons répandu dans la frise divers instrumens de guerre; à plomb des colonnes, sont des mortiers, qui forment une sorte de triglyphe. L'espace entre ces triglyphes se trouve rempli par des clairons, des casques, des cuirasses et des tambours ; ils sont posés à l'imitation des caractères qu'on remarque aux temples du paganisme ; nous pouvons citer, pour exemple, le temple de Jupiter-Tonnant. Quant aux mortiers, nous sommes autorisés à les admettre comme triglyphes, dans l'exemple du temple d'Apollon à Délos, où en place des triglyphes on y posa des lyres. Nous avons introduit dans la corniche, en remplacement des modillons, des bombes ; elles sont soutenues par des feuilles de laurier, à l'imitation de la feuille d'acanthe. Nous avons retranché les denticules, en nous appuyant du sentiment de Vitruve, qui les trouvait déplacées. Le premier talon de la corniche reçoit des fleurs composées de cinq feuilles de chêne, séparées par des feuilles de laurier. Le quart de rond est orné d'oves et de dards, comme aux ordres grecs, puisque ces caractères signifient et indiquent l'abondance que produisent les victoires. Les deux autres talons reçoivent des feuilles de laurier.

Les cassettes du sofite du larmier madillonnaire reçoivent des étoiles de la Légion d'Honneur, de la Couronne de fer et de la Réunion. Celles des angles saillans et rentrans sont remplies par des N , initiale du triomphateur.

Nous ne [pouvons présumer, d'après le développement que nous venons de faire des parties qui constituent notre ordre , qu'on lui refuse ce titre, puisque nous avons prouvé, avant de le mettre au jour, que tous les ordres des anciens étaient symboliques, et que leurs créateurs n'avaient jamais eu d'autres vues que d'en faire des symboles. Ils l'avaient bien senti, ces flambeaux de l'architecture, les Perrault et les Sébastien Leclerc, que la seule distinction des ordres consistait dans la différence des symboles (1), et non pas dans la proportion du dia-

---

(1) Ainsi que Sébastien Leclerc le soutient, c'est une ancienne coutume de renfermer dans les chapiteaux et sur les moulures des allusions. Une infinité de restes précieux de l'antiquité nous le prouvent, comme les ordres

mètre à la hauteur du fût. Nous pouvons prouver facilement que ce n'était point par là que les anciens avaient fixé la diffé-rence des ordres : ne remarquait-on pas au temple de Corré des colonnes doriques dont la proportion était plus haute que celle des colonnes corinthiennes de la Tour des Vents à Athènes, et du Colisée à Rome? Il existait, en outre, des colonnes d'ordre ionique à un temple situé sur les bords de l'Ilysus, égales aux colonnes corinthiennes, et par conséquent moins hautes que les colonnes du temple de Corré. Ainsi, les parties qui constituent notre ordre étant puisées dans les armes du régénérateur de la France, et par là étant symboliques, nous avons quelque droit d'espérer que son existence ne peut être contestée avec raison.

En présentant ce nouvel ordre, nous sommes bien éloigné de le proposer comme admissible à tous les genres de monu-mens ; nous croyons seulement que la richesse que nous lui avons conservé pourrait le faire admettre à la décoration des édifices de marque, qu'il serait susceptible de symboliser.

Nous avons plus d'une fois réclamé l'indulgence, que nous avons droit d'attendre, en faveur du motif qui nous a guidé. Nous espérons qu'elle nous sera accordée ; mais si nous n'avons pas entièrement satisfait au desir public, que notre revers ne glace point l'imagination de ceux qui seraient tenté de suivre une carrière aussi noble.

Français! rappelez-vous cet âge illustre qui plaça vos monu-mens à côté des productions immortelles de la divine antiquité. Votre ame noble et généreuse est faite pour s'ouvrir aux inspi-rations du génie ; dédaigneriez-vous aujourd'hui d'imiter vos aïeux ? Rougiriez-vous de recourir aux sources où leur esprit puisa tant de richesses et tant de beautés ? et ne seriez-vous plus cette nation privilégiée, qui dictait aux nations étrangères les

---

de Mars, de Vénus, de Flore, de Neptune, et tant d'autres qui se voient dans Rome.

éternels oracles du bon goût? Non! vous n'avez point dégénéré, vous êtes encore les Français du siècle de Perrault et de Condé, de Bruant et de Turenne; vous savez encore faire trembler l'Europe; auriez-vous oublié de la conduire et de l'éclairer? Ah! que dans ce siècle, si fécond en miracle, on ne vous reproche pas plus long-temps votre cruelle léthargie, quand les sciences et les arts, à la voix d'un grand homme, se relèvent triomphans de leur pénible agonie, et viennent environner le trône où devait monter la fille des Césars. Quand la science est honorée, quand les arts, amis de la paix, sont accueillis et protégés, le génie sommeillerait-il au milieu de tant de merveilles? L'architecture resterait-elle spectatrice à l'aspect de tant de bienfaits? Non, ce ne sera point en vain que la munificence royale lui aura prodigué ses faveurs; elle n'aura pas vainement préparé sa splendeur. Nous avons eu nos Agamèdes et nos Trophonius, nos Métagènes et nos Hermogènes, nos Andronic Cyrrhestes et nos Mutius; nous aurons nos Callimaches et nos Dinocrates. L'architecture célébrera les prodiges du peuple conquérant et guerrier, et le siècle des triomphes et de la valeur s'honorera d'être le siècle des beaux-arts et du génie.

De la manière de rendre à tous les ordres leurs expressions primitives, en leur faisant symboliser les monumens auxquels il sont admis.

Nous avons déjà démontré que tous les ordres d'architecture ont été créés pour symboliser; ils faut maintenant parvenir à connaître si ces ordres renferment leur signification primitive, et s'ils peuvent encore servir à faire parler nos monumens. Quoique les mœurs des peuples qui créèrent les ordres soient différentes des nôtres, et que leurs dieux ne soient pas ceux que nous adorons, il n'est pas impossible cependant, par l'analogie qui se trouve entre eux, de raccorder les symboles de leurs dieux, et de retrouver, dans les ordres qui caractérisaient leurs temples,

un symbole qui conviendra parfaitement pour les nôtres (1).
Sans entrer dans aucune discussion sur cette matière, qui nous
jeterait hors des bornes de notre sujet, nous dirons, en nous
appuyant du sentiment de Jacques-François Blondel, que l'ordre
dorique sera employé pour caractériser les temples sous l'invocation des saints; l'ordre ionique ou féminin, pour les temples
sous l'invocation des saintes, et l'ordre corinthien ou virginal,
pour ceux sous l'invocation de la vierge. L'ordre toscan, pour les
châteaux et maisons des simples particuliers, puisque tous
veulent des colonnes comme aux palais des rois, quoiqu'il soit
plus convenable de n'en admettre qu'aux monumens historiques.

Les ordres cariate et persique, et l'ordre romain pourraient
être admis à la décoration des palais et des arcs triomphaux,
puisqu'ils furent créés pour perpétuer la mémoire des grands
événemens militaires; mais il serait plus convenable, tout en
imitant les anciens, de créer un ordre dans le genre des ordres
cariate et persique, qui représenterait mieux nos victoires.

L'ordre héroïque français, créé pour transmettre à la postérité
les grands événemens de ce siècle et les actions mémorables
du sauveur des Français, serait admis à la décoration de nos
arcs de triomphe et autres monumens dans le style héroïque.
En suivant la méthode que nous venons d'indiquer, tous les
ordres seront des symboles comme dans l'origine. Voici la route
unique qui peut nous conduire à des résultats aussi avantageux
pour l'histoire, but qui doit nous guider dans l'érection de nos
monumens; autrement, si nous n'admettons aucune marche

---

(1) Quoique nous nous permettions d'assigner une place à chaque ordre
des Grecs , nous ne prétendons pas par là que l'architecture des Goths doit
être abandonnée ; nous sommes , au contraire , fortement opposés à ce
système. Les dogmes de notre religion ne sont pas propres à l'architecture
grecque , et les églises où elle a été admise sont mal caractérisées ; elles
sont loin d'approcher de ces temples chrétiens où tout semble inviter à la
méditation , et dont la beauté sauvage annonce nos mystères.

stable , nous nous trouverons toujours errant sans principes,
nous suivrons la routine de l'ignorance, nous profanerons la
poésie de l'architecture , et nous ne serons plus que des entas-
seurs de pierres. Nous continuerons d'employer le secours de la
sculpture pour faire des broderies frivoles , pour satisfaire les
regards du vulgaire. Si nous chassons le génie de l'architecture,
nous serons toujours de serviles imitateurs; au lieu d'être vé-
nérés comme les architectes de l'antiquité, nous aurons, pour la
récompense de notre ignorance, le mépris public. Pour courir
après la variété, que nous obtiendrions si facilement en suivant
les vrais sentiers, nous surchargerons nos masses de pierres de
toutes sortes de figures qui ne diront rien à l'esprit. Nous ferons,
pour obtenir ce triste résultat, des dépenses énormes; nous ne
produirons que des chimères, et nous tomberons, comme il
arrive maintenant, dans le genre blâmable de l'arabesque,
genre contre lequel le divin Vitruve a élevé sa formidable
voix. Comment pourrions-nous prétendre que notre art fut un
art de génie, si ce génie ne se décèle nulle part? car le génie ne
peut résider qu'à rendre une pensée palpable. Il n'y a pas de
génie à poser des notes de musique les unes à côté des autres;
mais il y en a quand, par l'arrangement que le musicien y met,
il vous pénètre d'une sensation douloureuse ou voluptueuse. Il
n'y a pas non plus de génie à mettre des mots ensemble pour ne
rien exprimer; tandis que lorsque ces mots expriment la pensée
de l'orateur ou du poète, il y a du génie. Le génie, en architecture, ne peut donc résider que dans la pensée de l'édifice; il
est impossible qu'il réside dans l'imitation inconsidérée des
objets que nous offre la nature, ou des caractères que les anciens
ont imprimés sur leurs édifices. Pour être véritablement architecte, il faut connaître les sublimes secrets par lesquels on peut
faire parler un monument; nous l'avons déjà dit et nous le ré-
pétons encore, qu'il ne sera jamais parfait quand il n'apprendra pas le motif qui l'a fait élever.

De quelle splendeur notre art ne brillerait-il pas, si nos efforts retiraient des ténèbres sa langue merveilleuse! Quelle serait notre admiration si, comme un astre majestueux, elle s'élevait sur l'horizon architectonique, et si elle venait réchauffer, par ses rayons, l'imagination des architectes! C'est alors que l'architecture, rétablie dans sa beauté primitive, environnée de la magie de tous les arts, produirait des édifices dignes de servir de prototypes aux générations les plus reculées. Chaque monument serait original, et l'on découvrirait ce véritable génie et cette variété ravissante qu'il n'appartient qu'à lui de reproduire. Alors on verrait sortir des architectes sublimes de cette pépinière de jeunes élèves, qui n'ont besoin, pour se signaler, que de bons guides qui les conseillent et les éclairent.

Des caractères de la Langue de l'architecture qu'on peut imprimer sur les membres qui accompagnent un ordre.

Les portes et fenêtres doivent toujours être enrichies de moulures qui, dans les premières, se nomment chambranles, et dans les secondes, cadres. Elles reçoivent les caractères qui sont sur les moulures de l'architrave de l'ordre qui préside pour caractériser le monument.

Des Clefs.

Quand on admet les clefs aux portes, fenêtres et arcades, les caractères doivent être significatifs, comme ceux qui sont sur les clefs de la fontaine des Innocens. On peut aussi admettre des chiffres.

Des Tympans des Frontons.

Il serait assez à propos de retrancher des tympans des frontons les caractères qu'on y admet, malgré les beaux exemples de l'antiquité qui sont parvenus jusqu'à nous. Il faut considérer

que la beauté des heureux climats de la Grèce et de Rome
pouvait faire tolérer ce luxe chez ces peuples; mais que la
température humide du nôtre contribue, avec la qualité des
pierres, à ruiner ces chefs-d'œuvres de l'art peu après leur
achèvement. Ainsi, dans nos climats, c'est prodiguer des beautés
trop précieuses, et les sommes énormes qu'elles ont coûté, sans
aucun fruit. Ne serait-il pas plus convenable de porter toute la
richesse dans l'intérieur, qui est garanti de l'intempérie des
saisons, et de n'admettre de sculpture à l'extérieur que ce qu'il
faut pour faire parler l'édifice? Le spectacle que l'observateur
éprouverait dans cette transition subite, ne serait-il pas fait
pour le jeter dans la contemplation de ces savantes manœuvres
de l'art, et n'aurait-il pas une plus haute idée de l'artiste qui
aurait conçu un monument dans cet esprit, que de celui qui
aurait prodigué inconsidérément ses richesses à l'extérieur, et
dont le dedans serait d'une nudité affligeante? L'artiste, assez
heureux pour parvenir à ce point difficile, imite le travail et
l'avarice de la nature, qui dérobe aux regards des humains et
recèle dans ses entrailles ses plus précieux trésors.

Des Statues.

On a souvent placé des statues sur les couronnemens des
édifices : cette décoration, dans son origine, n'a été admise,
ainsi que toutes les autres, que pour les caractériser. Les abus
qui ont plongé l'architecture dans le néant, sont aussi retom-
bé sur cette partie de la langue, et on vit admettre dans
tous les édifices des statues qui n'étaient recommandables que
par l'imitation des chefs-d'œuvres que la nature, comme si
elle eut voulu nous les conserver, avait enfouis dans ses profondeurs pour les dérober à la rage des Barbares.

Il nous semble que ces caractères (qu'on peut appeler ornemens significatifs, puisqu'ils enrichissent l'édifice et le font
parler à l'esprit), ne devraient jamais se trouver sur les cou-

ronnemens. Pourquoi mettre à une si grande distance de la vue des objets souvent précieux, tant par la beauté de la matière que par le travail de l'artiste ? Si ces statues sont bien finies, si les coutours en sont gracieux, elles ne produiront pas d'effet. Si elles ont été exécutées pour les lieux qu'elles symbolisent ; si la perspective y est bien observée, et qu'on vienne à les déplacer, nous n'aurons sous les yeux que des monstres dégoûtants : comme la statue de Phidias, elles auront les narines ouvertes, les lèvres enflées, etc. Les statues nous paraîtraient mieux placées dans les intérieurs et sous les péristiles ; on peut les tolérer cependant sur les édifices de peu d'élévation et aux arcs triomphaux. Il faut se rappeler qu'alors il doit se trouver derrière un attique. Il faut encore éviter de mettre ces statues dans de petites niches, qui en dérobent une partie aux spectateurs, et de prodiguer inconsidérément ces richesses qui doivent toujours symboliser les lieux où elles sont admises.

Des Vases.

Ce que nous venons de dire des statues, s'applique naturellement aux vases, d'abord employés à symboliser le culte de Flore. Ils furent placés dans ses domaines ; mais des architectes ignorans, croyant que le but de l'architecture était de puiser partout ce qui peut charmer les yeux, les introduisirent dans presque tous leurs monumens. Alors cette décoration devint muette comme les autres. Cet ornement, pour être significatif, ne devrait être admis raisonnablement qu'à la décoration des châteaux, des parcs, des jardins et des pavillons qui les embellissent ; toutefois cependant que cés pavillons ou temples n'aient pas pour but de célébrer quelques autres divinités.

Les statues et les vases servent conjointement à la décoration des jardins : les sujets des premiers doivent toujours prendre naissance dans la fable ou dans l'histoire. Ces décorations seront placées sur des stilobates.

Le bannissement des statues et des vases des couronnemens des édifices contribuera, plus qu'on ne pourrait le croire, aux progrès de la sculpture. Ces décorations étant toujours exposées aux regards de l'observateur, et ne se trouvant jamais hors de la portée de la vue, les artistes les soigneront davantage, et peut-être par ce moyen, sous le règne du plus puissant protecteur des arts, aurons-nous un jour des chefs-d'œuvres qui surpasseront, s'il est possible, ce que les siècles écoulés ont produit de plus merveilleux.

De l'Habillement des Statues.

L'habillement des statues est encore une chose d'une grande importance, et qui contribue, plus qu'on ne pense, à éclairer et conduire l'historien, et à le fixer sur le temps et le lieu où l'action qu'on représente s'est passée. Aussi ne doit-on jamais, sous le vain prétexte que les manteaux grecs et romains offrent plus de beautés que nos costumes, habiller nos statues de cette sorte. On doit encore éviter de les laisser dans une nudité qui répugne aux mœurs présentes. Il ne faut jamais s'écarter du grand principe de les habiller à la manière du siècle (1). Il en est de même pour la peinture, dans les monumens historiques. N'est-il pas ridicule d'admettre des statues de nos braves auxquelles on jette des manteaux sur le corps, pour faire draperie, même quand l'uniforme ne le comporte pas ? et quand bien même il serait d'uniforme, devrait-on l'admettre ? L'histoire ne veut que la vérité. On doit représenter le monarque entrant triomphant dans une ville, avec le costume qu'il avait lors de son entrée. Quelle incohérence il se trouverait entre le même sujet traité par l'architecte et le peintre à-la-fois ! Le

____

(1) Il est facile de se convaincre que ce principe est le plus conforme à la raison. En formant le parallèle de la peinture et de la sculpture de tous les peuples, nous apercevrons la même marche.

premier représenterait le vainqueur dans ses habits royaux, et le dernier, avec plus de jugement et de discernement, lui donnerait le costume qu'il avait lors de l'action. Si vous représentez l'image d'un guerrier, pourquoi l'emmailloter dans un manteau : ce n'est pas au bivouac qu'on doit le représenter, c'est tel qu'il est au champ d'honneur ; et s'il a un havresac sur le dos, il faut le lui donner. Ce sont ces inconvenances qui se décèlent dans nos productions, qui nous attirent le mépris des savans. Il semblerait que nous eussions pris à tâche de jeter les générations futures dans le doute, ou de reporter à l'histoire des peuples, dont il ne reste que le nom dans les annales, les pompeux triomphes des héros des siècles et les actions mémorables de nos compatriotes.

Des Trophées.

L'admission des trophées d'armes remonte aux temps fabuleux et héroïques. Les Grecs étaient dans l'usage de poser sur de grands arbres, sur le champ même de la victoire, les dépouilles des ennemis vaincus. Les Romains empruntèrent d'eux l'usage de cette décoration et l'employèrent pour symboliser les portes triomphales ; nous en faisons un usage assez fréquent pour le même motif, et c'est une des plus nobles et des plus belles poésies dont on puisse se servir pour les édifices élevés en l'honneur du triomphateur. Il faut que ces trophées soient formés des armes des vaincus, dont ils faisaient usage lors de l'action qui a donné lieu à l'érection de l'édifice. Il est d'autres trophées, formés et composés d'instrumens aratoires, de musique et des arts et des sciences ; les premiers sont destinés à célébrer l'agriculture, les seconds à la décoration des bals, concerts et autres lieux de plaisirs, et les derniers à symboliser les académies des sciences et arts.

Des Bas-Reliefs.

Les bas-reliefs ne doivent point être en saillie sur les murs, ni renfoncés ; il est inutile aussi de leur donner des cadres qui les font prendre pour des tableaux. On peut placer cette décoration significative partout, exception faite des plafonds, à une grande distance de la vue : c'est principalement dans leur composition que l'artiste peut montrer son génie, c'est là que la langue de l'architecture lui sera d'un grand secours, et c'est encore là où il déploiera cette science sublime des fictions, des allégories et des métaphores, que la littérature ancienne lui aura enseigné.

Des Transitions ou Ombres en architecture.

Il est encore un sublime secret de l'art, c'est la science merveilleuse de répartir les ombres. On appelle ombres, en architecture, les transitions qui s'opèrent alternativement. Elles sont verticales ou horizontales ; les premières sont au nombre de deux, qui sont appelées le composé et le somptueux ; les dernières sont au nombre de trois, qui sont : le grave, le composé et le somptueux. Elles doivent toujours suivre cette marche ; soit, dans les premières, qu'on parte du centre d'un édifice qui doit être formé par le somptueux, les côtés seront composés ; soit, dans les dernières, qu'on parte du pied du monument, les regards du spectateur doivent toujours passer par les trois transitions horizontales, le grave, le composé et le somptueux. La situation de ces ombres est invariable ; elle est dictée par la nature, et son immortel créateur n'a pas dédaigné d'assujétir ses œuvres à ces ombres, ou, s'il s'en est écarté, les exemples en sont rares.

Toutes ces transitions se rencontrent dans les animaux, les arbres, les plantes, etc., et dans toutes les créations animées ou inanimées qui décorent l'écorce de la nature. Pénètre-t-on dans ses entrailles ? ce sont encore les mêmes manœuvres.

Chez les animaux, dont la première espèce est celle de l'homme, les transitions sont presqu'imperceptibles ; entre l'homme et les quadrupèdes il y a plusieurs transitions, dont les premières s'opèrent par le changement du teint et des cheveux, ensuite par une conformation différente dans quelques parties ; entre l'homme et le singe, le nègre fait la démarcation. Il a autant de rapport avec l'homme qu'avec ce singe qui, par son rapprochement avec lui, est appelé homme des bois. Viennent ensuite diverses classes de singes qui vont se confondre avec les quadrupèdes.

Les principes fondamentaux des ombres, en architecture, sont basés sur la nature, qui est partout la même, soit dans les animaux bipèdes, soit dans les quadrupèdes, soit dans les oiseaux, soit dans les poissons, soit dans les arbres, les plantes et les fleurs, et tout ce qui compose la nature. Les transitions sont les mêmes, soit les transitions verticales, soit les transitions horizontales ; dans tous les êtres le centre et la cîme sont les parties les plus ornées ; dans les arbres, les transitions sont peut-être plus apparentes, et nous allons en contempler la sublimité ; le somptueux se trouve au centre : il est formé par la réunion des feuillages ; les deux côtés sont composés : ces côtés sont formés par les feuillages de jeunes branches, qui s'écartent du centre.

Sur l'enveloppe extérieure de la nature on découvre les mêmes manœuvres ; entre les coteaux ombragés sont des plaines émaillées des trésors de Flore. On ne voit point de montagnes desséchées à côté de plaines ou de collines fertiles.

Telles sont les transitions qui doivent s'opérer dans l'architecture : on ne peut pas de la magnificence passer subitement à la simplicité. Si le somptueux est formé par des colonnes, le composé doit être formé par les pilastres ; car entre le lisse et les colonnes sont les pilastres, qui sont aux colonnes ce que le nègre est à l'homme. Si le somptueux est formé par les pilastres, le composé sera le lisse. Quelquefois on peut brusquer les transitions verticales ; mais alors il faut se rappeler que, pour dé-

truire le caractère froid que les transitions brusques conduisent
dans les monumens, il faut les réduire à la moitié du somptueux.
Ainsi, quand le somptueux est formé par les colonnes, le lisse,
s'il est admis, doit avoir de chaque côté la moitié du somptueux, tandis que, dans d'autres cas, les transitions peuvent
être égales, et le composé peut être le double et le triple du
somptueux.

Le principe des ombres ou transitions horizontales prend
aussi naissance dans la nature. Le grave est formé par le tronc
inférieur de l'arbre; le composé, par les jeunes branches qui
décorent la partie supérieure du tronc, et le somptueux est
formé par la réunion des feuillages qui se marient avec l'azur
du ciel.

En partant de ce principe, un monument doit passer par les trois
transitions. Le grave est formé par le lisse des soubassemens
d'un palais, ou par les degrés d'un temple; le composé, par les
colonnes et les pilastres, et le somptueux, par l'entablement,
les frontons et les couronnemens.

Tel est le sublime secret dont doit se pénétrer l'architecte,
pour enfanter des monumens dignes d'être transmis, comme prototypes, aux générations reculées. En imitant le travail du Créateur, ne doit-il pas prétendre d'arriver au dernier degré de
perfection?

De la manière à suivre pour former promptement des architectes.

Après avoir traité des parties de l'architecture, où le génie
de l'architecte peut se développer, nous croyons qu'il est nécessaire de signaler les préjugés qui absorbent le génie chez
les architectes. Si nous voyons peu de monumens dans ce siècle
qui se trouvent dans l'esprit de ceux des anciens, cela provient
du manque de connaissances solides et de l'importance qu'on
attache au dessin. Il semblerait que pour être un grand archi-

tecte on n'a besoin que de savoir dessiner (1) et de mettre pierre
sur pierre. Il n'est pas nécessaire de chercher des subtilités
pour prouver que c'est une erreur grossière. Qu'on forme le
parallèle des édifices élevés sous Louis XIV et de ceux de nos
jours, on remarquera chez les premiers du génie et des pensées,
et dans les derniers, qu'une imitation servile et inconsidérée.
Cependant le dessin architectonique n'a jamais été poussé au
degré de perfection où il se trouve maintenant. La route qui
nous semble la plus sûre et la plus prompte pour parvenir
à la restauration du génie de l'architecture, serait d'écono-
miser le temps des élèves, trop prodigué au mécanisme
du dessin. M. Durand, dans son Traité sur l'architecture, en a
judicieusement démontré la presqu'inutilité. En effet, que sont
ces dessins géométraux que donne l'architecture? autant
d'images trompeuses auxquelles on ne devrait jamais se fier. Ne
vaudrait-il pas mieux, cent fois, faire le relief du monument
qu'on a conçu? Aussi, quand on élève un édifice, ne doit-on
jamais s'écarter de ce précepte; car si l'architecture est com-
parée à la peinture sous quelques rapports, elle n'a pas l'avantage, comme cette dernière, de pouvoir rectifier ses erreurs
sans faire des frais énormes, et quelquefois même il est impos-

____

(1) C'est une chose assez étrange, que de croire que la science de l'architecte consiste dans le dessin. Il m'est arrivé d'entendre dire que l'architecte devait savoir bien dessiner, par la même raison que le dessin était
nécessaire au peintre. Cette comparaison est totalement dénuée de fonde-
ment, car le tableau du peintre est l'œuvre qui doit passer à la postérité,
tandis que le dessin de l'architecte est une sorte de croquis, destiné à être
jeté au feu après l'érection de l'édifice. Qu'on exige la grande perfection
dans le monument, qui est l'œuvre durable, mais ne demandons pas à l'architecte de génie une belle image dessinée par lui : le feu de l'imagination
qui l'agite ne peut lui permettre de se tenir sur le même ouvrage le temps
qui lui serait nécessaire pour le bien dessiner ; il calcule en grand l'effet
qu'il doit produire : c'est tout ce que l'on peut lui demander. Il voit son
œuvre entièrement achevée, tandis qu'elle n'existe que dans sa pensée.

sible d'y remédier sans détruire entièrement l'édifice. Aussi l'architecture demande un grand fonds de connaissances et de profondes méditations. Une méthode dont on s'est servi, et qui a produit des résultats avantageux, c'est d'élever le monument en charpente, de la dimension qu'il doit avoir; on recouvre cette charpente de toiles, sur lesquelles l'édifice est figuré. L'architecte doit attendre le jugement public, écouter la critique de tout le monde et en faire son profit. Il ne faut pas s'imaginer que les architectes seuls ont acquis le droit de se connaître en architecture; il existe une grande quantité d'individus qui, sans être initiés aux mystères de l'art, sauront distinguer le bon du mauvais. Les Grecs, convaincus de cette grande vérité, faisaient juger les productions des artistes par la masse des citoyens, ainsi que Plutarque nous l'apprend. Ne vaudrait-il pas mieux que les élèves s'occupassent à connaître les chefs-d'œuvres de la littérature, plutôt que de rester des années entières à tirer des lignes et à laver des plans et élévations? Une description du monument qu'ils auraient enfanté, ne peindrait-elle pas mieux leur idée, à l'aide d'un simple croquis, que les dessins seuls qu'on est obligé de faire sur une petite échelle, et qui n'indiquent que les masses principales. Combien le temps qu'on leur épargnerait au dessin ne leur deviendrait-il pas précieux pour la connaissance des langues et autres sciences dont ils ont besoin! et combien cette réunion de connaissances diverses, tout en leur facilitant l'étude de leur art, ne les rendrait-elle pas estimables dans la société! et de quel respect ne seraient-ils pas environnés! Ce ne sont donc que les vices d'écoles qui arrêtent les progrès de l'architecture, et cela ne provient point des jeunes architectes, qui produiraient des merveilles comme dans les siècles écoulés, s'ils étaient bien dirigés. La faute est toute entière aux professeurs. Pourquoi insistent-ils sur la connaissance parfaite du dessin? L'architecte doit en avoir une teinture, à la vérité, mais il ne doit point chercher à séduire par de belles images; trop grand pour s'arrêter à parer sa pensée, il ne doit commander l'admiration que par la force de son génie. Jeunes architectes, suivez la leçon salutaire de M. Durand : occupez-vous du dessin, seulement comme on s'occupe de l'écriture pour peindre la pensée ; laissez aux hommes subalternes le soin de répandre sur leurs faibles productions ce prestige éphémère ; n'oubliez point que le génie se plie rarement au mécanisme des doigts, et même que ce mécanisme le détruit. Avez-vous entendu parler de la beauté de l'écriture de l'auteur d'Esther et d'Athalie, ni de celle de l'Homère d'Albion, ce chantre d'Eden ? avez-vous entendu citer Andronic Cyrrhestes, Dinocrates et Mutius comme de grands dessinateurs, et appelerons-nous Michel-Ange un grand architecte ? Ouvrons les fastes de l'histoire : dans cette multitude de grands hommes dont elle conserve les noms précieux, nous ne découvrons que Cassiodore de Sicile, dont elle cite le talent dans cette partie. Non, les Grecs ignoraient cet art imposteur, qui cache la stérilité de l'esprit sous de frivoles et fallacieux agrémens. Tout entier à leur art, ces hommes illustres méditaient les ouvrages de leurs devanciers, et allaient fortifier leur génie dans les mines inépuisables de la littérature. Imitons un aussi noble exemple : allons récolter d'abondantes moissons dans les chants rians et féconds en fictions et allégories ingénieuses de la littérature ancienne. Demandons à ces sources divines, qui en conservent le dépôt sacré, l'art d'exprimer nos idées dans nos édifices, sous ce voile spirituel et enchanteur, avec cette simplicité ravissante, cette clarté et cette brièveté singulière d'expression qui en font le principal ornement. Tâchons, en parcourant la route que nos maîtres nous ont tracée, de parvenir comme eux au temple de l'immortalité. Jeunes architectes, tel est la voie que vous devez suivre ; voilà la source intarissable et ce foyer de lumière où vous puiserez les vrais trésors de l'inspiration. Souvenez-vous que vous n'en-

fanterez sans eux rien que de servile, de languissant ou de
frivole.

Ce que l'on doit faire pour parvenir dans l'architecture.

Jeunes architectes, voulez-vous parcourir avec gloire la
noble carrière dans laquelle vous êtes engagés? suivez la marche
ordinaire des arts, pénétrez-vous d'abord du sujet que vous
avez à traiter; apprenez, aux grandes manœuvres de l'orateur
et du poète, à assortir les paroles de votre langue suivant le
sentiment que vous voudrez faire éprouver et l'action que vous
voudrez représenter. Remarquez l'orateur: s'il vous accuse, il
fera un choix d'expressions formidables et véhémentes; il vous
accablera de leur poids énorme. Veut-il pallier des torts, il
choisit des paroles douces et subtiles, qui pénètrent jusqu'au
fond des cœurs et qui entraînent l'auditoire.

Le poète veut-il chanter les plaisirs innocens de la vie cham-
pêtre? il saisit la flûte pastorale et imite les chants mélodieux
des bergers de Syracuse et de Mantoue. Veut-il confier à la
poésie l'austère censure des mœurs, immoler le vice au ridicule? il s'arme du glaive de la satire, il déchire avec ses dents
meurtrières, en imitant les successeurs de Lucile à l'école où se
formaient les Régnier et les Despréaux. Le musicien aussi ne
sort point de son sujet; il ne fera point ses chants triomphaux
comme des chants funéraires; il ne s'écartera point de l'idée du
poète. Contemplez Hayden, il vous transportera aux diverses
saisons; vous n'entendrez point les sons joyeux du fifre remplacer les sons pastoraux du hautbois, ni les sons funèbres du
tymptam. Considérez nos auteurs de l'école française: en en-
tendant Martini, vous serez transporté à l'aurore d'un beau
jour. Je ne tarirais pas si je m'arrêtais sur les œuvres de tous les
grands hommes qui se sont illustrés sur la scène française.

Considérez encore le peintre; vous produira-t-il une nature
resplendissante sous le sol glacial de la Zélande et sous le sol

brûlant de l'Arabie ? vous ne verrez pas non plus la nature transplantée ; en Égypte vous remarquerez des palmiers et non des
chênes.

Pourquoi donc l'architecture aurait-elle seule le droit de
s'écarter de la marche naturelle et des principes que nos devanciers ont adopté. En créant les premiers modèles de l'art,
les anciens en ont fixé pour jamais le caractère, sans en avoir
épuisé toutes les ressources ; ils en ont connu profondément
l'esprit : c'est ce qui nous rendra toujours leur étude indispensable. C'est donc sur les prototypes qu'ils nous ont laissé que
nous devons aller récolter d'abondantes lumières ; efforçons-
nous de nous pénétrer des saints préceptes qui y sont renfermés,
afin qu'ils nous conduisent dans la suite. Il arrive trop souvent
que ces notions primitives s'altèrent et se confondent par les
abus qu'entraîne l'ignorance ; les arts se pervertissent en
s'éloignant de leur origine, et en courant après une perfection
imaginaire, nous perdons entièrement de vue le véritable but
qui nous était proposé. N'est-il pas nécessaire alors d'avoir des
modèles sûrs et invariables, qui nous servent d'objet de comparaison et qui nous éclairent dans notre route. Si nos architectes n'avaient pas négligé trop souvent cette précaution essentielle, aurait-on vu jamais la scène architectonique infectée de
sculptures insignifiantes ; mais de quelque vernis spécieux que
ces innovations soient colorées, elles ne sauraient long-temps
nous éblouir. Il y a dans le commun des hommes un instinct secret du bon, qui les ramène bientôt à la vérité et à la nature.
Chacun s'empresse de condamner des travers qu'il avait partagé ; on finit par profiter de ces fautes mêmes, et d'une erreur
passagère et momentanée sort une leçon durable, qui fortifie de
plus en plus les principes de l'art et du goût. Nos architectes
reviennent aux anciens qu'on avait trop long-temps perdu de
vue ; on commence à sentir de nouveau le prix de la simplicité ; on respecte un peu plus les règles qu'on avait si

indignement méconnu et outragé, et tout, dans l'empire de l'architecture, semble annoncer parmi nous une heureuse révolu-
tion. Jeunes architectes, saisissons avec empressement une
occasion si favorable pour reproduire notre art paré de son an-
tique splendeur; nous n'avons plus qu'un pas à faire pour surpasser ce que les siècles écoulés ont produit de plus miraculeux.
Aurons-nous à rougir, devant le régénérateur des arts et des
empires, d'avoir dédaigné une circonstance si propice? Rappelez-vous que le héros qui veille au destin du monde n'a pas
trouvé indigne de sa grandeur de vous tracer la route que vous
devez suivre : il a fixé ses regards sur vous, et il attend de l'architecture son tribut de reconnaissance et d'amour. Serez-vous
assez faibles pour laisser encore une fois usurper vos droits
incontestables? Ce fut l'architecture qui, chez tous les peuples,
célébra les héros; elle se transportait, sur les ailes de l'enthousiasme, sur le champ même des triomphes, et là, y composait
un poëme où toutes les grandes actions étaient imprimées en
caractères ineffaçables, pour les transmettre à la postérité.
Jeunes architectes, si l'amour de la patrie se fait entendre
dans votre cœur, cherchez à surpasser vos prédécesseurs;
mais gardez-vous, sur-tout, imprudens novateurs, de chercher à vous signaler en vous égarant; le mérite n'est point à
se créer une nouvelle manière, mais à suivre celle qui produi-
sit tant de chefs-d'œuvres et qui consacra tant de grands noms.

Telle est la leçon salutaire que doit pour jamais laisser dans
les esprits l'étude approfondie des monumens des anciens; tel est
aussi le précepte essentiel auquel peuvent se réduire toutes les
réflexions éparses dans le corps de cet ouvrage. Nos regards se
sont arrêtés tour-à-tour sur les productions des Egyptiens, des
Grecs, des Romains, des Goths et des Français, et partout
nous nous sommes convaincus que le génie de l'architecture
résidait dans la pensée de l'édifice; que cette pensée était rap-
pelée sans cesse par des inscriptions formées par les caractères

de la langue architectonique. Nous avons fait sentir les avantages attachés à l'étude de cette langue et les dangers auxquels
s'expose celui qui ne craint pas de la perdre de vue. Notre tâche
est remplie, et nous terminons la carrière dans laquelle nous
étions engagés, en donnant un édifice où se trouvent rassemblés
les principes que nous avons développés. Il nous resterait, sans
doute, beaucoup à dire, et on nous reprochera peut-être de
n'avoir fait qu'effleurer notre sujet; mais il fallait choisir dans
une matière si riche et si abondante : nous avons voulu seulement marquer, de distance en distance, les points essentiels de
la route que nous tracions aux architectes. C'est à l'artiste,
jaloux d'approfondir son art, de la parcourir dans toute son
étendue ; de comparer aux grands modèles, devant lesquels
nous nous sommes prosternés, les architectes moins heureux
qui voulurent se hasarder dans une route opposée; de suivre la
marche de l'esprit humain, à l'époque des progrès de l'art et
à celle de sa décadence; de voir toujours, par une fatalité
attachée à l'imperfection de notre nature, les siècles de l'ignorance et de la barbarie succéder aux siècles du génie et de
l'imagination.

Nous nous sommes dispensé de parler des monumens érigés
depuis le siècle de Louis XIV ; nous avons poussé la rigueur
jusqu'à nous interdire la faculté de parler de la belle colonne
napoléone ; nous avons préféré les passer tous sous silence, pour
ne pas troubler les mânes de nos devanciers et nous faire des
ennemis des vivans : c'est assez d'avoir à lutter contre ceux
de nos contemporains qui prétendent que la peinture et la
sculpture, dans nos édifices, ne doivent avoir d'autre but que
de récréer les yeux. Nous n'irons point agraver nos torts en
dévoilant les inconséquences que ce faux principe leur a fait
commettre, mais nous ne dérogerons pas non plus de notre caractère, et nous n'irons pas, par une complaisance vile et honteuse,
admirer ces travers, pour nous faire des prosélytes, et par-là

jeter les générations dans les ténèbres, si jamais cet ouvrage y parvenait. D'ailleurs, nous n'eussions pas pu la faire sans dénigrer les hommes immortels qui ont régénéré notre art, et sans mériter le mépris des savans. La vérité n'a pas besoin, pour paraître à leurs yeux, d'être environnée des vains prestiges de l'éloquence : elle se montre nue et sans fard, comme le sentiment qui l'inspire.

Mânes des J. Goujon, des Bruant, des Blondel, des Mansard et des Perrault, est-il une plume assez ennemie des arts, pour chercher à ternir les saines doctrines que nous avons puisé dans votre sein? ce sont les préceptes qui vous ont fait produire tant de chefs-d'œuvres, que nous venons présenter aujourd'hui; c'est votre cause que nous plaidons; c'est le tribut solennel qu'on aime à payer à la mémoire des grands hommes; c'est un hommage glorieux et respectable que l'adulation ne peut corrompre, que l'autorité ne peut usurper; c'est la dette sacrée de la patrie; c'est la plus douce espérance des ames généreuses, la récompense et l'aliment des talens et des vertus. Ainsi, vous jouirez de toute votre gloire, ombres fortunées! ainsi, contemplant au sein de la capitale du monde vos monumens célèbres, ces trophées de votre gloire, que le sauveur des Français se plait à décorer du fruit de ses triomphes, vous croirez vivre une seconde fois dans le siècle des grands hommes et des grandes choses, vous pardonnerez à votre patrie d'avoir pu vous susciter des détracteurs, des envieux et des ingrats, et vous verrez enfin qu'il n'appartient qu'à la postérité, toujours équitable, de récompenser dignement la vertu modeste, les talens utiles et les illustres bienfaits.

LE TEMPLE DE LA LÉGION D'HONNEUR,

POEME ARCHITECTONIQUE.

Nous avons dit précédemment que la propriété principale d'un monument et de l'architecture, était de perpétuer la mémoire des grands événemens, et de rappeler quelqu'illustre souvenir. Pour appuyer les principes que nous avons développés, il fallait nous efforcer de créer un édifice qui, outre la poésie, renfermât quelque trait brillant de l'imagination, ainsi que les monumens célèbres des anciens dont nous nous sommes appuyés. Convaincus que les grands hommes seuls pouvaient fournir de grands souvenirs à consacrer, nous avons puisé dans l'histoire de Napoléon la pensée de l'édifice que nous allons présenter, et nous avons cherché à lui donner une forme symbolique qui rappelât (sans le secours d'autres inscriptions architectoniques), aux races les plus reculées, le motif qui aurait donné l'être à un semblable monument.

C'est le temple de la Légion d'Honneur. Cette noble institution n'est-elle pas faite pour mériter l'attention des artistes? Ne tient-elle pas d'une manière marquante aux pages de notre histoire? Quel édifice plus digne de la vénération des siècles, que celui qui perpétuerait la mémoire de tant de braves, de savans, d'artistes, de magistrats et de tant de mortels parés des vertus civiques! Non, jamais les âges écoulés n'ont pu fournir la pensée d'un monument plus précieux pour la postérité. Quel spectacle magnifique, imposant et attendrissant à-la-fois, pour les générations futures, que celui dont elles jouiraient dans son enceinte, par la contemplation des noms illustres de tant de vaillans guerriers, qui prodiguèrent leur sang pour la patrie; de savans, qui répandirent des lumières sur ce siècle de prodiges; d'artistes distingués, dont le génie célébra les actions illustres; de magistrats, qui font respecter les lois et la propriété, et de ces mortels courageux, dont l'ame généreuse et remplie du véritable héroïsme, traversent les flammes ou se précipitent dans les torrens et dans les profondeurs de la terre, au péril de leurs jours, pour rendre à la société des hommes qui, sans eux, lui auraient été dérobés!

Est-il besoin ici de retracer tous les biens que cette institution a produit: comment la langue pourrait-elle exprimer tous ses illustres bienfaits. Tâchons d'y suppléer par nos productions; efforçons-nous de les rendre dignes du mortel extraordinaire auquel elles sont consacrées!

Nous avons caractérisé ce monument par la forme même de l'étoile de la Légion d'Honneur. Pour pénétrer dans le temple, qui est formé par la grande rotonde A, il n'existe que cinq entrées, par les cinq branches de l'étoile, qui représentent les cinq voies qui conduisent à la Légion d'Honneur, qui sont: les armes, les sciences, les arts, la magistrature et l'héroïsme (ou vertus civiques). Si l'on considère avec une scrupuleuse attention, on ne trouvera que ces cinq voies qui y conduisent, et tous ceux qui ont été agrégés à la Légion l'ont été comme militaires, savans, artistes, magistrats, ou pour les services rendus à la société, que les Romains appelaient les vertus civiques, pour lesquelles ils donnaient la couronne de chêne.

Des Péristiles.

Il y a cinq péristiles, puisqu'il existe cinq entrées. Pour arriver aux porches, on monte trente-trois degrés; les péristiles sont décorés de deux files de huit colonnes d'ordre héroïque français. Ces colonnes indiquent que cette institution a été formée par la valeur des armes françaises, et qu'elles sont réunies pour la défendre. Sur les stilobates, qui forment les rampes des escaliers, sont des renommées.

Les péristiles sont décorés de quatre statues. Le péristile qui symbolise les armes est décoré des vertus militaires, qui sont : la Force, le Courage, la Prudence et la Vigilance.

Celui des sciences est décoré par l'Étude, la Patience, la Persévérance et l'Imagination, qui sont nécessaires pour y parvenir.

Celui des arts est symbolisé par les quatre arts libéraux, l'Architecture, la Peinture, la Sculpture et l'Agriculture.

Celui de la magistrature est symbolisé par les vertus d'un magistrat, qui sont : la Douceur, l'Équité, l'Activité et la Surveillance.

Enfin le péristile de l'héroïsme est symbolisé par les statues de ceux qui, dans ce siècle, ont montré un généreux dévouement, comme le brave Goffin.

Des Tympans des Frontons des Péristiles.

Le tympan du fronton de l'entrée de la classe guerrière représente l'aigle française, entourée des dépouilles de tous les peuples vaincus. L'aigle est couronnée de la couronne de l'empire français; cette couronne est surmontée d'une étoile, symbole de l'immortalité.

Celui des sciences représente l'aigle entourée des instrumens nécessaires à leur étude.

Celui des arts représente l'aigle environnée des instrumens des arts.

Celui de la magistrature, l'aigle entourée des attributs de la justice et du Code Napoléon.

Et celui de l'héroïsme représente l'aigle entourée de couronnes de chêne et d'étoiles de la Légion d'Honneur.

Les sofites des péristiles sont formés par la suppression de deux colonnes du second rang.

Le sofite du péristile des armes représente Sa Majesté tenant le globe du monde, symbole de sa puissance, dans une main ; l'autre est posée sur la paume de son épée victorieuse. Une Victoire le couronne ; l'aigle, symbole de la victoire, est aux pieds de Sa Majesté, avec les dépouilles des ennemis vaincus par la valeur de ses armes.

Le sofite du péristile des sciences représente Sa Majesté couronnée par cette déesse ; à ses pieds sont les instrumens des sciences.

Le sofite du péristile des arts, représente Sa Majesté couronnée par Apollon ; à ses pieds sont les instrumens nécessaires aux arts.

Le sofite du péristile de la magistrature, représente Sa Majesté couronnée par Thémis, et ayant à ses pieds ses attributs et le Code Napoléon.

Le sofite du péristile de l'héroïsme représente Sa Majesté tenant des couronnes de feuilles de chêne et des étoiles de la Légion d'Honneur.

Ces cinq péristiles donnent entrée à des temples qui conduisent aux nefs qui donnent entrée au temple de la Légion d'Honneur.

Le péristile des armes conduit au temple de Mars.

Le péristile des sciences, au temple des Sciences.

Le péristile des arts, au temple d'Apollon.

Le péristile de la magistrature, au temple de Thémis.

Le péristile de l'héroïsme, au temple de l'Héroïsme.

Des cinq Temples.

Le temple de Mars est symbolisé par la statue du dieu des combats. Dans les quatre niches qui se trouvent dans ce temple, sont les statues des généraux Dessaix, Keller, Léopold Berthier et Montebello. Au-dessus des portes de communication sont des trophées d'armes. Ce temple conduit à la nef de la profession des armes.

Le temple des Sciences est symbolisé par la déesse des Sciences, qui est au milieu de ce temple. Cette statue représente une femme dans l'âge avancé, ayant des rayons célestes sur la tête, qui indiquent qu'elle est un don du ciel. A ses pieds sont divers instrumens nécessaires à leur étude. Les quatre niches reçoivent les statues des quatre français les plus remarqués dans la science. Les portes de communication sont décorées des instrumens des sciences. Ce temple conduit à la nef de la profession des sciences.

Le temple d'Apollon est orné de la statue du dieu des beaux-arts, et les niches reçoivent les statues des plus illustres artistes de ce siècle. Au-dessus des communications sont des instrumens des arts. Ce temple conduit à la nef de la profession des arts.

Le temple de Thémis est symbolisé par cette déesse, et les quatre statues sont celles des quatre plus célèbres magistrats. Au-dessus des portes sont des trophées analogues. Ce temple conduit à la nef de la magistrature.

Le temple de l'héroïsme est symbolisé par une statue représentant un jeune et vigoureux athlète arrêtant par une corne un taureau furieux. Les portes de communications sont décorées de couronnes de chêne et d'étoiles de la Légion d'Honneur. Ce temple conduit à la nef de l'héroïsme.

De ces temples on pénètre dans les nefs qui symbolisent les cinq voies qui conduisent au temple de la Légion d'Honneur, et à des nefs circulaires qui conduisent dans tous les temples; mais pour parvenir à celui de la Légion d'Honneur, il faut passer par une des cinq voies qui seules peuvent y donner accès, pour annoncer que ce sont les seuls sentiers à suivre pour parvenir à être décoré de cette étoile. Nous allons faire premièrement la description des nefs directes.

Des Nefs directes.

Les nefs directes conduisent au temple de la Légion d'Honneur ; elles sont décorées de douze colonnes d'ordre héroïque français, cannelées, et de quatre en retour, comme elles se font remarquer dans l'ichnographie, planche Iʳᵉ. Les entrecolonne-mens reçoivent des bas-reliefs différens dans chaque nef; c'est là leur seule distinction.

La nef de la profession des armes est décorée de bas-reliefs représentant les plus belles journées militaires de Sa Majesté. Cette représentation des savantes manœuvres d'un héros vé-ritable, semble annoncer aux jeunes guerriers que c'est en marchant sous l'égide du plus grand capitaine des siècles qu'ils parviendront à mériter ce noble prix de leur dévoue-ment. Au-dessus de ces bas-reliefs sont des trophées formés des dépouilles des peuples vaincus dans les actions que les bas-reliefs représenteraient.

Cette nef a son entrée directe dans le temple; c'est dans l'exercice de cette honorable profession qu'on trouve de plus fréquentes occasions de signaler son courage et ses talens, en défendant le trône et la patrie.

La nef des sciences est symbolisée par des bas-reliefs repré-sentant les savans récompensés par Sa Majesté. Au-dessus de ces bas-reliefs sont des trophées formés des instrumens des sciences.

La nef des arts est symbolisée par des bas-reliefs représentant les récompenses accordées aux artistes par la munificence impé-riale. Au-dessus de ces bas-reliefs sont des trophées d'instru-mens des arts.

La nef de la magistrature est symbolisée par les actes de clémence et de justice de Sa Majesté. Ces bas-reliefs fourni-raient de grandes leçons pour l'histoire : on y découvrirait ces grandes manœuvres de la politique, pour le bonheur des peu-ples ; les monarques apprendraient que s'il est doux de pardon-ner, il faut pareillement avoir la force de punir ; les citoyens apprendraient aussi qu'ils ne doivent pas non plus se fier sur la clémence des rois pour commettre des crimes, en troublant l'ordre public.

La nef de l'héroïsme est symbolisée par des bas-reliefs représentant les traits d'héroïsme de Sa Majesté, entr'autres celui de la peste en Égypte, où, comme un nouveau Belzunce, Napoléon exposait ses jours pour soulager ces braves.

Des Nefs circulaires.

Les cinq nefs circulaires sont l'imitation de la couronne de chêne et de laurier de l'étoile de la Légion d'Honneur; leur pavé est orné d'une mosaïque représentant cette couronne. Ces nefs sont destinées à former des Muséum historiques, qui contiendraient des statues et des tableaux représentant les hommes les plus célèbres dans la Légion d'Honneur. Chaque Muséum renfermerait les statues soit de la classe des militaires ou des artistes, et ils seraient toujours à la droite de la voie par laquelle les mortels, dont ils conserveraient les images, auraient été admis à la Légion d'Honneur.

Les sofites de ces nefs, ainsi que ceux des nefs directes, seraient décorés de cassettes remplies par des étoiles de la Légion d'Honneur et d'N, initiale du célèbre créateur de cette institution. Les jours qui éclaireront ces nefs, ainsi que ceux des temples, viendraient du ciel, dans ce temple tout devant présenter l'image de la vie éternelle.

Du Temple de la Légion d'Honneur.

Le temple de la Légion d'Honneur est située, comme nous l'avons dit précédemment, dans la rotonde marquée A, dans la planche Iʳᵉ. Sa forme est circulaire, symbole de l'Éternité; on y pénètre par cinq nefs qui font allusions aux cinq voies qui conduisent à l'honneur de porter cette décoration (1). Trans-

-----

(1) Ainsi que pour pénétrer au temple de la Légion d'Honneur, on a tra-

portons-nous dans l'intérieur du temple : quel spectacle imposant
et magnifique y serait découvert ! Les cinq nefs sont aperçues
tour-à-tour ; elles viennent se terminer et se joindre au temple
par cinq grands archivoles qui sont surmontés de génies tenant
l'étoile de la Légion d'Honneur dans leurs mains. Cet intérieur
est décoré de vingt colonnes d'ordre héroïque français ; au milieu du temple est la statue de Sa Majesté. Cette statue serait
posée sur un stilobate, placé sur une mosaïque représentant
l'étoile de la Légion d'Honneur. L'Empereur tient dans une
main un foudre, symbole de sa toute puissance ; l'autre main est
posée sur la paume de son épée : à la droite de chaque nef sont
des tables d'or ou d'argent, destinées à recevoir les noms des
chevaliers, officiers et commandans de la Légion d'honneur.
Ces tables sont soutenues par des Victoires. Les grands aigles et
grands dignitaires auraient leurs armoiries sur le piédestal supportant la statue de Sa Majesté : ces armoiries servent d'hiéro-
glyphes. Les cinq niches, qui sont dans ce temple, sont destinées
à recevoir les statues des cinq rois frères et fils de Sa Majesté.
Au-dessus des cinq grands archivoles, qui joignent les cinq
nefs au temple, on remarque une plate-bande décorée de cinq
bas-reliefs, représentant les cinq circonstances les plus remar-
quables de cette institution. La plate-bande au-dessus serait
ornée de quarante médaillons, qui se trouveraient à plomb des
quarante pilastres cannelés d'ordre héroïque français, formant
l'ordre supérieur. Ces médaillons sont formés par des feuilles de
chêne, de laurier et d'amaranthe ; ils sont soutenus par des
génies, représentés sous la figure de jeunes enfans ailés. Au milieu de chaque on remarquerait une lettre formée par des

---

versé un temple, soit de Mars, de Thémis ou d'Apollon, etc., pour en sortir
on est obligé de repasser par un de ces temples, pour annoncer que lorsqu'on est parvenu à la Légion d'Honneur, il faut encore acquérir de nouveaux talens dans ces diverses professions.

étoiles, symbole de l'immortalité. Ces lettres rassemblées for-
meraient cette phrase : *Au Héros, Triomphateur et Régula-
teur des peuples.* L'ordre pilastre, au-dessus de cette inscription, serait posé sur un appui. La coupole est éclairée par les
fenêtres qui sont dans les entrecolonnemens de cet ordre pilastre.
La première coupole est décorée par de grandes cassettes dans
lesquelles sont des étoiles de la Légion d'Honneur et des N, initiale du triomphateur.

La seconde coupole est éclairée par d'autres fenêtres, qui sont
percées dans le comble, au-dessus de l'ordre attique extérieur.
Cette coupole reçoit le ministère de la peinture ; elle vient aussi
apporter son tribut à l'architecture, en imprimant sur cette coupole la scène de la distribution des étoiles de la Légion d'Honneur
au camp de Boulogne. Quel spectacle enchanteur et majestueux pour l'observateur avide de grands souvenirs, et qui aime
à errer dans les lieux qui les consacrent ! Quel ravissement il
éprouverait dans la contemplation de cette vaste coupole, qui,
comme la voûte céleste qu'elle représente, serait soutenue par
une sorte d'enchantement ! On arrive au comble par cinq escaliers, qui conduisent au temple de l'Immortalité, pour annoncer
qu'il n'existe que cinq voies pour y arriver. Ces escaliers ont
leurs entrées derrière les stilobates supportant les statues des
frères de Sa Majesté ; ils conduisent premièrement, à la galerie
extérieure de la coupole, et de là, par des escaliers pratiqués
dans les massifs, à la troisième coupole ; alors se présente un
escalier en fer, en vis d'Archimède, qui va déboucher sous le
stilobate qui porte la déesse de l'immortalité, et de là dans le
temple, qui est décoré de douze colonnes d'ordre français. Cet
escalier indique assez bien par ses contours les chemins diffi-
ciles qui conduisent à l'immortalité.

L'entrée principale, c'est-à-dire le portique de la profession
des armes, se trouverait placée vis-à-vis l'orient ; le char
d'Apollon, en ouvrant les portes du jour, éclairerait ce portique,

et l'astre brillant du jour, à son levé, saluerait cet édifice, comme pour annoncer qu'il éclaire le monde pour perpétuer la mémoire du héros qui protège ses nombreux enfans.

Sujets allégoriques des quatre statues qui symbolisent la porche qui conduit à la nef de la profession des armes.

La Force est représentée sous la figure d'une Pallas robuste, tenant d'une main une lance et un rameau de chêne, et de l'autre un écu, sur lequel on voit un lion combattant un san-glier.

Le Courage est représenté sous la figure d'un jeune homme, habillé légèrement d'une peau de lion, et nu du reste, re-poussant avec intrépidité un tigre qui s'élançait sur lui.

La Vigilance, sous la figure d'une jeune fille, tenant dans une main un livre, et dans l'autre une lampe. Le coq de Mercure est à ses pieds.

La Prudence, sous la figure d'un jeune guerrier armé à l'an-tique, ayant sur sa tête une couronne de laurier. Il tient dans sa main droite une épée nue entrelacée par un serpent.

Statues qui symbolisent le portique de la profession des sciences.

L'Étude est représentée sous la figure d'un jeune homme, ayant une plume à la main, et une lampe dans l'autre. Le coq, symbole de la vigilance, est à ses pieds.

La Patience est représentée sous la figure d'une femme, dans l'attitude d'une femme humble; elle tient ses mains jointes, elle porte un jongleur sur ses épaules; ses pieds nus sont posés sur des épines et des cailloux.

L'Imagination est ici représentée sous la figure d'une jeune femme, avec des ailes aux tempes; la flamme qui est sur sa tête indique le feu du génie. Elle est dans une attitude pensive,

La Persévérance est représentée sous la figure d'une jeune fille qui se tient aux branches d'un palmier, qu'elle serre étroitement entre ses genoux ; elle est couronnée d'amaranthe : elle regarde la terre avec dédain.

Des quatre statues qui symbolisent le péristile de la profession des arts.

L'Architecture est représentée sous la figure d'une matrone, ayant un air majestueux et vêtue noblement ; elle tient une équerre, un compas et un niveau d'une main, et de l'autre, un rouleau où l'on remarque les plans des Pyramides, de la Tour des Vents et du Temple de la Vertu et de l'Honneur, pour annoncer que son génie réside dans les traits brillans de l'imagination. La flamme qu'elle a sur la tête symbolise l'Imagination, sans laquelle on n'est jamais qu'un architecte subalterne : à ses pieds sont les chapitaux corinthiens et français.

La Peinture est représentée sous la figure d'une femme vêtue simplement : d'une main elle tient un pinceau et une palette ; elle a une flamme sur la tête : le bandeau qu'elle a sur la bouche indique qu'elle est une poésie muette.

La Sculpture est représentée sous la figure d'une femme dans l'âge avancé, vêtue avec simplicité ; elle est couronnée de laurier et d'olivier ; elle tient un compas, un porte-crayon et un ciseau à la main. Le bandeau qu'elle a sur la bouche indique qu'elle est une poésie muette, et qu'elle se fait entendre à l'esprit par la justesse des proportions de tous les êtres : à ses pieds on remarque un bas-relief représentant l'aigle française arrachant au léopard terrassé le trident de Neptune.

L'Agriculture est représentée sous la figure d'une femme robuste, couronnée d'épis ; elle tient à la main un cercle, sur lequel on voit les douze signes du zodiaque ; de l'autre elle soutient un arbrisseau fleuri : la charue et les autres outils aratoires lui servent d'attributs.

12

Nous ne nous étions engagés à donner qu'un seul monument pour appuyer notre doctrine, mais nous n'avons pas voulu laisser échapper une occasion de célébrer un élan généreux des Français, et c'est le sujet de ce monument. Il formera une double preuve, qui ne sera pas inutile ici pour combattre les préjugés et pour prouver que dans tous les édifices on peut y renfermer de grandes pensées.

PROJET D'UN TEMPLE DÉCOUVERT

POUR LA PLACE DE LA CONCORDE.

L'HOMME, naturellement avide de grands spectacles, éprouva toujours un secret plaisir à contempler ces hardis monumens élevés par la main du génie à la vénération des siècles ; mais si ces monumens célèbres eurent de grands événemens à perpétuer, si le cœur y trouve ses jouissances et l'imagination ses plaisirs, alors un nouveau charme s'attache à leur existence ; leur vue élève l'ame et fait éclore de nobles sentimens.

Telle est l'impression dont ne peut se défendre le voyageur qui s'arrête aux pieds d'un monument historique et qui se prosterne devant sa noble et touchante majesté : telle fut la sensation que le spectateur éprouva dans tous les âges à l'aspect des monumens d'histoire des Egyptiens, des Grecs et des Romains. On aime à s'égarer dans des lieux où chaque édifice rappelle quelque souvenir illustre ; et tandis que la vue erre sur les œuvres de la sculpture ou de la peinture, qui, en le décorant, le caractérisent, l'imagination se plaît à en découvir la signification ; elle s'étend comme l'objet qu'elle embrasse, et se transporte aux temps et sur les lieux mêmes où se passèrent les actions éclatantes que ce poëme éternel est destiné à consacrer.

Pour composer ce monument, nous avons épié une circonstance mémorable : pouvions-nous trouver une occasion plus propice que celle qui se présente? Quand la France donne au monde une preuve solennelle de son patriotisme et de son amour pour son prince; quand la nation, par un mouvement spontané et par des élans généreux, vient environner le trône de libéralités nationales; l'architecte pourrait-il voir tant d'amour sans chercher à le perpétuer dans le cœur de nos petits neveux , en offrant un si bel exemple à imiter?

L'architecture, dès la plus haute antiquité, donna l'élan aux autres arts : ce fut elle qui conserva la mémoire des grands événemens des empires. Il lui appartient encore de transmettre ceux d'un siècle si fertile en prodiges. C'est donc pour éterniser un événement qui couvre le peuple français d'une gloire jusqu'alors inconnue des nations, que nous avons composé le monument que nous présentons : c'est le Temple de la Concorde nationale ; c'est le monument de la nation, et, peut-être , l'édifice le plus digne , par son but, de l'admiration des races futures.

Qu'un autre architecte destine à des objets frivoles le luxe de l'éloquence architectonique, pour courir après une triste gloire; qu'il recherche les suffrages du vulgaire en surchargeant ses édifices des vains prestiges de l'arabesque; ici les richesses du monument naîtront de la grandeur du sujet; elles formeront des inscriptions qui seront entendues dans tous les temps et de tous les peuples. Présenter à la vénération des siècles la mémoire de ceux qui firent de grandes choses, sans faste, guidés par le seul intérêt de la patrie et par l'amour qu'ils portent à leur prince, c'est leur payer le plus beau et le plus légitime de tous les tributs, celui que dicta la reconnaissance, et dont la vérité n'aura point à rougir.

Description du Temple.

Le temple de la Concorde a la forme circulaire; cette forme

est le symbole de l'éternité; elle indique que l'esprit d'union que tous les cœurs français viennent de manifester dans cette occasion, y sera éternel. Ce temple est découvert, pour annoncer l'existence de cette concorde, non-seulement dans la capitale, mais aussi dans tout l'empire (1). Pour arriver au temple, on monte neuf degrés; ces neuf degrés font allusion aux neuf classes qui forment la nation. Ces neuf classes sont: la noblesse, le clergé, le militaire, les savans, les artistes, la magistrature, le commerce, l'agriculture et les artisans. Sur la plate-forme, à laquelle on parvient en montant ces neuf degrés, est l'autel de la Patrie.

Sur le dernier degré on remarque huit sarigues; dans cet apologue, chaque classe y trouve une leçon salutaire. Ces sarigues indiquent que les Français doivent aller chercher un asile au pied du trône de leur souverain; ainsi que les jeunes sarigues, pour éviter les traits du chasseur, vont se réfugier dans le sein de leur mère (2).

L'autel de la Patrie a la forme du cercle; cet autel est posé sur les neuf degrés qui représentent le peuple français. C'est l'image d'une nation, unie par des liens sacrés, qui vient se rassembler autour du trône du prince qui lui conserve son existence. Cet autel se termine par le comble d'une ruche,

---

(1) Vitruve nous a enseigné la pensée que nous devions admettre dans ce monument. Dans son chapitre de l'*Œconomia*, il dit : « Les temples du Ciel, du Soleil et de la Lune doivent être découverts, parce que ces divinités se font connaître en plein jour et par toute l'étendue de la terre. »

(2) La nature, en accordant à la sarigue une tendresse maternelle au-dessus de tous les autres animaux, lui a donné en même temps la faculté de satisfaire ce violent amour. Elle a une sorte de poche à la naissance du dernier train : c'est dans cette poche où elle recèle ses petits à l'approche des dangers. Alors emportant son unique trésor au travers des monts, elle dérobe ainsi sa précieuse famille aux traits des chasseurs, en s'exposant elle-même pour les secourir.

symbole des princes bien aimés. Sur ce comble est la statue de Sa Majesté ; ce symbole renferme encore un apologue ; il annonce la fidélité et l'obéissance que doivent les peuples à leur monarque.

Le premier socle est décoré de quatre statues ; ces statues représentent la Noblesse, le Clergé, le Militaire et la Magistrature, dignes soutiens des trônes et des empires. Par la place que nous avons choisi pour élever ce monument, la position de ces statues est une de ces choses extraordinaires dont l'antiquité n'offre point d'exemple, et qui semble avoir été réservé par la main de la Providence, non-seulement pour ajouter un nouveau charme à notre édifice, mais encore pour caractériser ceux que le hasard a placé devant. La statue qui représente la noblesse se trouve en face des Tuileries, pour annoncer qu'elle doit toujours porter les yeux sur le trône du souverain ; celle qui représente le militaire se trouve en face du temple de la Gloire, pour indiquer que les guerriers ne doivent jamais s'écarter des sentiers qui y conduisent ; celle qui représente la Magistrature se trouve placée devant le palais du Corps-législatif, pour annoncer aux magistrats le devoir qu'ils ont contracté envers la patrie, de faire respecter les lois créées et méditées par le sauveur des Français ; enfin, la statue qui représente le Clergé est tournée du côté de l'arc triomphal de l'Étoile ; elle a ses regards fixés sur la voûte céleste qu'on aperçoit au travers du portique : c'est l'image du séjour éternel réservé aux humains qui servent bien leur prince et la patrie. Ces statues se joignent les mains en se présentant des couronnes de laurier, pour annoncer la concorde qui existe entre ces classes pour le bonheur des peuples, et que de l'union nationale naîtra la victoire. Ces statues sont assises sur des cubes, symboles de la stabilité de cette concorde ; ces cubes sont décorés de reliefs analogues aux sujets des statues.

Au-dessus de ces statues on remarque les armoiries des huit villes qui, par les plus grandes libéralités, auront manifesté le plus d'amour pour la patrie. Ces armoiries sont séparées par des foudres, symbole de la toute puissance des libéralités nationales. Ces armoiries seront inscrites dans des couronnes de feuilles de palmier sur lesquelles seront des étoiles, pour indiquer la gloire immortelle qu'assurent à ces villes ces élans généreux.

Au-dessus de ce socle est un piédestal qui sert à former la ruche. Ses moulures sont toutes décorées de caractères architectoniques ; le tour de la base est orné de chaînons, symbole des liens indissolubles qui unissent la nation à son prince ; la doucine renversée est ornée de palmes, symbole de la gloire des peuples qui tiennent à une union si sainte.

Les moulures de la corniche sont décorées comme ci-après : le talon reçoit des feuilles de laurier, symbole de la victoire ; le quart de rond est orné d'oves, symbole de l'abondance ; la baguette reçoit des abeilles, symbole des princes bien aimés ; elles indiquent que la victoire et l'abondance sont le résultat de l'amour des peuples pour leur monarque.

La partie lisse du piédestal est ornée de quatre bas-reliefs représentant l'offrande de la nation au pied de l'autel de la Patrie. Ces bas-reliefs sont séparés par des couronnes de feuilles de palmier, qui sont réunies par des étoiles. Ces couronnes sont destinées à recevoir les bustes des seize Français qui auront fait, dans cette mémorable circonstance, les plus grands dons à la patrie. L'aigle, symbole de la victoire, plane au-dessus de l'image de ces immortels Français ; elle indique la victoire qui doit être le résultat des dons patriotiques.

La statue de S. M. l'Empereur est posée sur le comble de la ruche ; l'Empereur est représenté dans ses habits de combats ; il est couronné de laurier. D'une main, il tient un foudre, symbole de sa toute puissance ; l'autre main est posée sur la paume de son épée : à ses pieds est un globe et une corne d'abondance. L'aigle, symbole de la victoire, est au pied de S. M. Cette aigle pose une couronne d'olivier sur le globe, c'est l'image de la

victoire qui doit assurer la paix du monde. La corne d'abondance , entourée d'oliviers, montre la source de richesses et de
bonheur que la paix répandra sur les Français.

SUJETS ALLÉGORIQUES.

Des Statues du socle.

La Noblesse est représentée sous les traits d'une jeune et belle
femme, vêtue d'un manteau magnifique ; elle est couronnée de
laurier et de chêne ; elle porte un diadème formé par des étoiles
de la Légion d'Honneur, de la Couronne de fer et de la
Réunion. Les instrumens des sciences, des arts, qui décorent le
cube qui lui sert de siège, indiquent qu'elle est accordée à la
valeur, aux vertus civiques et au mérite. L'armoirial ouvert
qui est à ses pieds montre les armoiries des six nobles qui, dans
les élans de la nation, ont fait des dons dignes d'être consacrés.

Le Militaire est représenté par une victoire sans ailes , pour
annoncer qu'elle est fidèle ; à ses pieds est l'aigle qui la symbolise : le cube est décoré d'instrumens militaires; elle est assise
sur les dépouilles de l'ours et du léopard.

La Magistrature est représentée sous les traits de Thémis; le
cube est décoré de ses attributs: à ses pieds est le Code Napoléon soutenu par la chouette, hiéroglyphe de la sagesse.

Le Clergé est représenté sous l'emblême de la Religion; elle
est vêtue décemment; le voile qui la couvre fait allusion aux
mystères. Elle est couronnée d'amaranthe et de palmier : le
cube est orné d'instrumens nécessaires au culte.

Des Bas-reliefs.

Le premier représente l'offrande de la nation sur l'autel de la Patrie; la Nation est représentée par les neuf classes qui la composent. L'autel de la Patrie a la forme d'un triangle; il est décoré d'un faisceau de baguettes rassemblées, qui font allusion à la force produite par l'union. Sur cet autel on remarquerait, dans une coupe, des cœurs embrâsés: du feu sacré par lequel ils sont mus, sort une aigle, symbole de la victoire, pour annoncer que de l'union de la nation naîtra la victoire.

Les sujets représentant au socle la Noblesse, le Clergé, le Militaire et la Magistrature, sont les mêmes qui servent ici pour ces quatre classes. Les arts sont représentés par Apollon; les sciences, par cette déesse qui tient des instrumens nécessaires à leur étude. Le commerce est représenté par Mercure; les agriculteurs, par une femme tenant un cercle, sur lequel on voit les signes du zodiaque; elle tient en même temps un arbrisseau fleuri, et divers instrumens aratoires sont à ses pieds.

Les artisans sont représentés par le forgeron des dieux.

Deuxième Bas-relief.

Ce bas-relief représente la même offrande. Du feu sacré naît la Paix, pour annoncer que l'union nationale donnera la paix.

La paix est ici représentée sous les traits d'une jeune femme; elle est couronnée d'olivier; elle tient une arme rompue à la main.

Troisième Bas-relief.

La même offrande sur l'autel de la Patrie. Le feu sacré donne naissance à un être métaphorique, ayant le corps et la queue du castor, la tête de l'éléphant, les pattes de la taupe et les ailes de l'aigle. Le castor symbolise les arts; l'éléphant, la science; la taupe, l'agriculture, et l'aigle symbolise la victoire, qui soutient les sciences les arts et l'agriculture.

Quatrième Bas - relief.

C'est toujours l'offrande de la nation sur l'autel de la Patrie; du feu sacré, qui embrâse les cœurs, naît l'Abondance. Elle est représentée couronnée d'épis mariés avec des feuilles d'olivier, et tenant la corne à la main; elle est en attitude de répandre ses richesses sur la nation. Les épis mêlés avec l'olivier indiquent que l'Abondance est fille de la Paix.

PRÉCIS
DU TEMPLE DE LA LÉGION D'HONNEUR.

	A	Temple de la Légion d'Honneur.
Armes	B	Portique de la profession des armes.
	C	Temple de Mars.
	D	Voie de la profession des armes.
Sciences	E	Portique de la science.
	F	Temple de la science.
	G	Voie de la science.
Arts	H	Portique des arts.
	I	Temple d'Apollon.
	J	Voie des arts.
Magistrature	K	Portique de la magistrature.
	L	Temple de Thémis.
	M	Voie de la magistrature.
Héroïsme	N	Portique de l'héroïsme.
	O	Temple de l'héroïsme.
	P	Voie de l'héroïsme.
	Q	Lieux découverts destinés à la sépulture des membres de la Légion d'Honneur.
	R	Muséum historiques.

Ces cinq nefs, en présentant l'Étoile de la Légion d'Honneur, font en même temps allusion aux cinq voies qui seules peuvent conduire à l'honneur d'être agrégé à cette légion, pour annoncer qu'on ne peut y parvenir sans parcourir une des carrières qui y donnent accès.

Il est inutile de faire remarquer qu'il peut se trouver dans les planches qui représentent ce temple, quelques défauts de construction que nous n'avons pas été à même de distinguer dans des dessins si petits ; nous avons même négligé d'y indiquer le mécanisme de cet art, et nous avons cru que ne traitant pas pour le moment de cette partie, on ne nous jugerait pas sur ce point, mais bien sur le génie qui a été notre sujet.

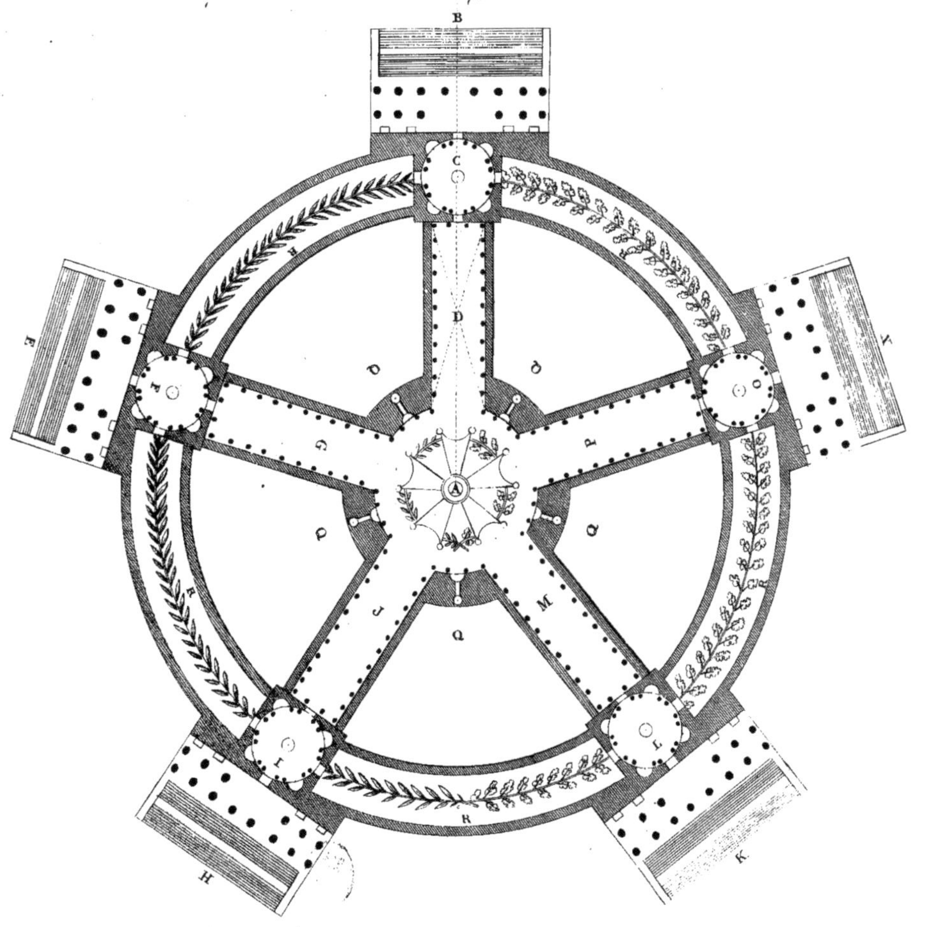
Ichnographie de la Légion d'Honneur.
B
C
D
E
F
G
H
I
K
L
M
P
Q
R
A

TABLE DES MATIÈRES.

FIN DE LA TABLE.

Ordre Héroïque Français

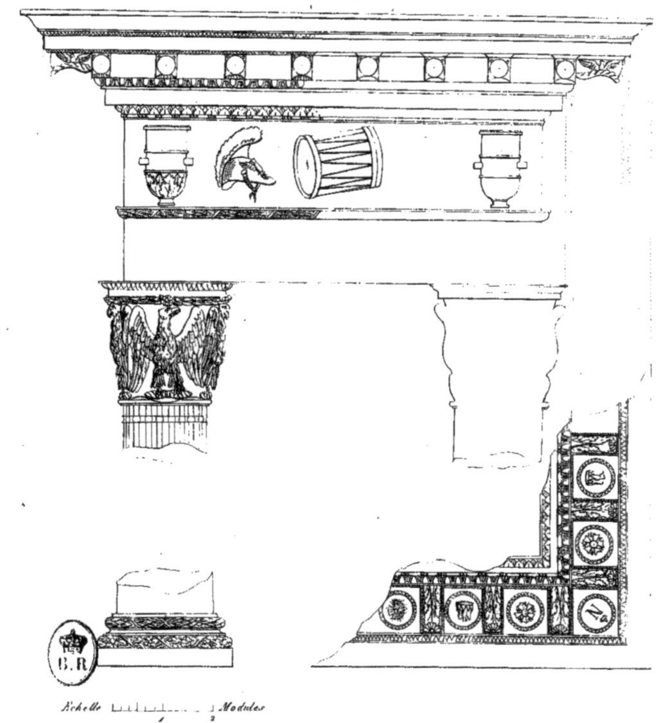

Échelle ... Modules

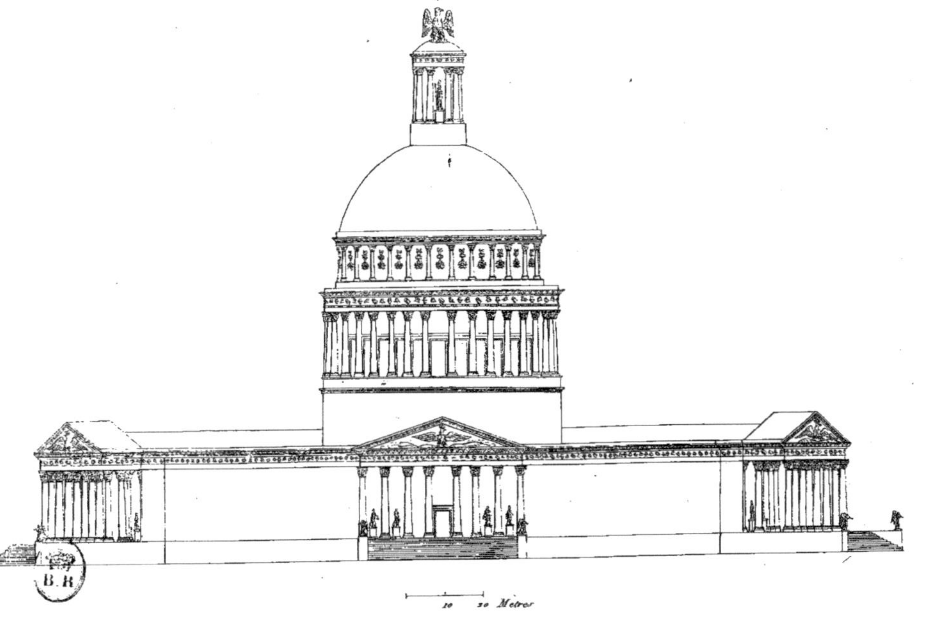

Temple de la Légion d'Honneur.

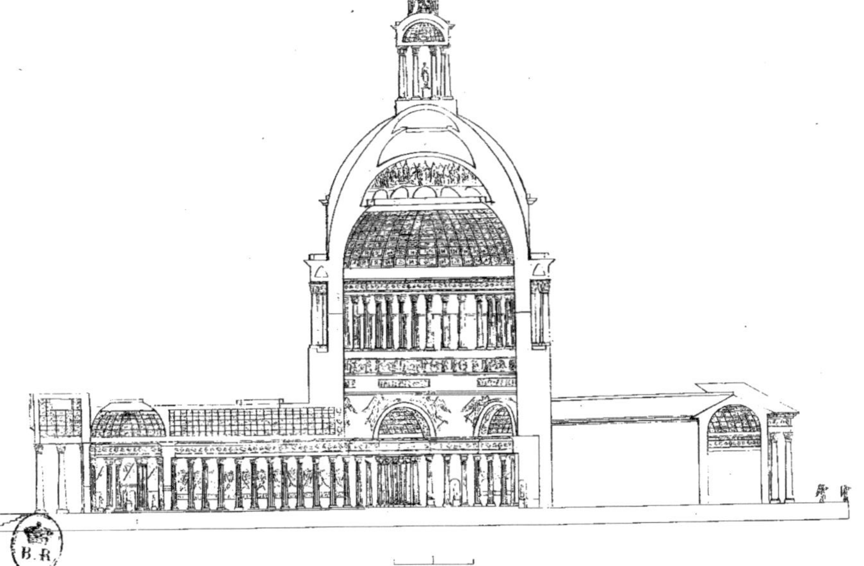

Temple de la Légion d'Honneur.

Temple de la Concorde.

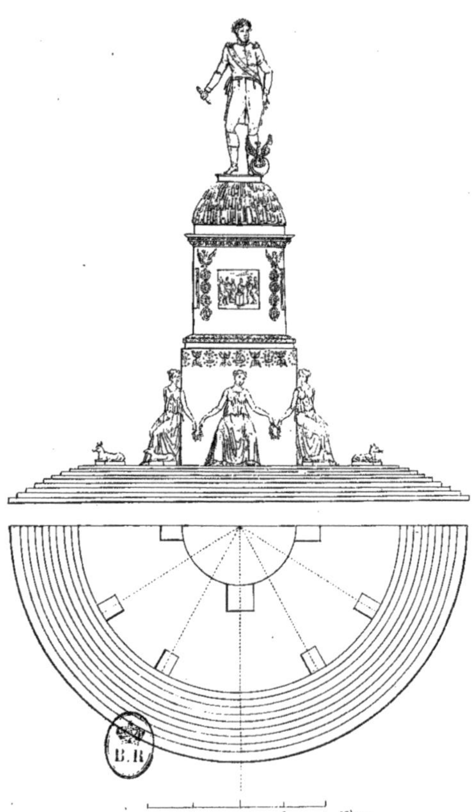